Susanne Kathary

# DaZ-Unterricht mit *Wimmelbildern*

# Alltagssituationen

## Differenzierte Wortschatz- und Grammatik-Übungen

Verlag an der Ruhr

# Impressum

**Titel**
DaZ-Unterricht mit Wimmelbildern: Alltagssituationen
Differenzierte Wortschatz- und Grammatik-Übungen

**Autorin**
Susanne Kathary

**Umschlagmotiv**
Bettina Weyland, wenn nicht anders angegeben

**Illustrationen**
Bettina Weyland

**Satz und Layout**
Melanie Reich, ideenreich

**Druck**
Heenemann GmbH & Co. KG, Berlin, DE

Verlag an der Ruhr
Mülheim an der Ruhr
www.verlagruhr.de

**Geeignet für die Klassen 3–13**



**ISBN 978-3-8346-6529-4**

# Inhalt

# Vorwort

Willkommensklassen, DaZ-Klassen, Vorbereitungsklassen, Sprachförderkurse – so vielfältig die Bezeichnungen für die Lerngruppen neu zugewanderter Schüler*innen[1] im deutschsprachigen Raum sind, so unterschiedlich sind auch die Strukturen, in die sie eingegliedert sind. Resultat dieser Rahmenvorgaben ist oft ein unvorhersehbares, stets anpassungsbedürftiges System der Differenzierung bis hin zur Individualisierung, was Schulen, Lehrkräfte und auch Schüler*innen vor große Herausforderungen stellt. Insbesondere wenn Lehrkräfte zum ersten Mal mit dieser drastischen Binnendifferenzierung konfrontiert sind, sehen sie sich gezwungen, Materialien selbst neu zu erstellen oder bereits existierendes Material in mehrere sprachlich differenzierte Fassungen umzuändern. Beide Maßnahmen erfordern Unmengen an zusätzlicher Arbeitszeit, die den wenigsten Lehrkräften im notwendigen Umfang zur Verfügung steht.

Auch dieses Buch wird nur einen Bruchteil dessen auffangen können, was an Differenzierungsarbeit geleistet werden müsste, um den Schüler*innen und ihren Potenzialen gerecht zu werden. Es versteht sich hauptsächlich als ergänzende Materialsammlung, die auch mithilfe der Wimmelbilder in einigen Lerngruppen sicher direkt einsetzbar ist, in anderen jedoch längst nicht alle Niveaus bedienen kann. So soll es mindestens der Inspiration, im besten Falle aber der Entlastung bei der Unterrichtsvorbereitung dienen. Es soll Inhalte wiederholen, die im Unterricht bereits besprochen und ggf. noch nicht vollständig durchdrungen wurden.

Als Gedächtnisstütze sind an einigen Stellen Merkkästen eingefügt, die den Schüler*innen den grammatikalischen Hintergrund zur entsprechenden Übung in stark vereinfachter Form darlegen. Auf ausführliche Erklärungen grammatikalischer Phänomene wird verzichtet, um den Fokus auf den Übungen zu belassen. Hier muss ggf. durch Mitschüler*innen oder Lehrkräfte unterstützt werden.

Hauptanliegen dieses Buches ist die Arbeitserleichterung, Freude und Souveränität insbesondere „neuer" Lehrkräfte im Umgang mit neu zugewanderten Schüler*innen. Nicht zuletzt aus diesem Grund eignet sich die Materialsammlung hervorragend für den Vertretungsunterricht.

[1] *Der Verlag an der Ruhr legt großen Wert auf eine geschlechtergerechte und inklusive Sprache Daher nutzen wir neutrale Formulierungen oder das Gendersternchen, um alle Menschen unabhängig von Geschlecht oder Geschlechtsidentität einzuschließen. In Texten für Schüler*innen finden sich aus didaktischen Gründen neutrale Begriffe bzw. Doppelformen.*

# Einsatzmöglichkeiten

## Zeitlicher Rahmen

Die Materialsammlung ist so konzipiert, dass ein Kapitel **in ungefähr drei (aufeinanderfolgenden) Doppelstunden à 90 Minuten** DaZ-Unterricht bearbeitet werden kann. Im besten Fall sind die wichtigsten Operatoren (S. 7) bereits eingeführt worden. Das Wimmelbild sollte jedem*jeder Schüler*in ausgedruckt vorliegen, ergänzend dazu kann es digital präsentiert werden.

**Erste Doppelstunde:**
Zunächst eignen sich die Schüler*innen die Vokabeln (in diesem Buch auf Nomen beschränkt) an, die für die spätere Bearbeitung der Übungen relevant sind. Hierzu lassen sich die entsprechenden **Bildkarten** und das jeweilige **Wimmelbild** verwenden (s. z. B. S. 9). Um Zeit zu sparen, können die Bildkarten auch für alle sichtbar ausgelegt oder aufgehängt werden.

**Zweite Doppelstunde:**
Nun vertiefen die Schüler*innen den gelernten Wortschatz, aber auch grammatikalische Phänomene, die mit diesem Wortschatz einhergehen. Hier kommen die dreifach differenzierten **Übungsblätter** zum Einsatz. Die Übungsblätter können selbstständig oder mit Anleitung bearbeitet werden.

**Dritte Doppelstunde:**
Abschließend werten die Schüler*innen ihre Ergebnisse mithilfe der **Lösungen** aus und nutzen die verbleibende Zeit, um die gelernten Inhalte weiterführend anzuwenden. Zum Ausklang können die Schüler*innen das **Wimmelbild** ausmalen, beschriften, beschreiben, szenisch darstellen oder anderweitig kreativ nutzen.

## Einteilung der Sprachniveaus

Die Einteilung der Niveaus orientiert sich am gemeinsamen Europäischen Referenzrahmen, aber auch an aktuellen Lehrbüchern, die um der Motivation willen von offiziellen Vorgaben abweichen.

**Niveau 1:**
entspricht **A0**–A1 (Artikel, Schreibung, Personalpronomen, einfache Konjugation und erste Sätze)

Hier vertiefen die Schüler*innen sehr basale Kenntnisse des Deutschen. Aufgabenformate sind so gehalten, dass die Schüler*innen noch kaum Operatoren kennen müssen, um die Aufgabe zu verstehen. Dieses Niveau ist auch für gerade erst alphabetisierte Schüler*innen geeignet.

**Niveau 2:**
entspricht **A1**–A2 (Akkusativ, Komposita, Plural, Zahlen, erste Modalverben, Imperativ, Mengenangaben)

Hier vertiefen die Schüler*innen grundlegende Kenntnisse des Deutschen. Sie sind vertraut mit den gängigen Operatoren und haben kaum noch Schwierigkeiten mit dem Verstehen von Aufgabenstellungen.

**Niveau 3:**
entspricht **A2**–B1 (Dativ, [Wechsel-]Präpositionen, Nebensätze mit „wenn“, „während“ und „weil“, Perfekt)

Hier vertiefen die Schüler*innen fortgeschrittene Kenntnisse, können bereits selbstständiger arbeiten und erweitern ihre Kenntnisse z. T. bereits eigenständig.

Alle Unterkapitel schließen mit Textverständis- und/oder Textproduktionsaufgaben, um die Anwendung des neu Gelernten im Alltagskontext zu erleichtern und die Schüler*innen zur eigenständigen Erweiterung der Sprachkenntnisse anzuregen.

# Einsatzmöglichkeiten

## Einsatz der Bildkarten

Zur Einführung der Begriffe können die Bildkarten wie folgt verwendet werden (für alle Niveaus).

**Schritt 1:**

1. Alle Schüler*innen erhalten je eine Karte und prägen sich das Wort 30 Sekunden lang mit Artikel ein.
2. Die Schüler*innen gehen durchs Klassenzimmer und fragen sich gegenseitig: „Was ist dein Wort?" bzw. antworten: „Mein Wort ist ‚der/das/die XY'." Die Schüler*innen merken sich möglichst viele Wörter, deren Artikel und Schreibweise.
3. Nach 5–10 Minuten kehren die Schüler*innen an ihre Plätze zurück und notieren sich alle Wörter mit Artikel, an die sie sich erinnern.
4. Die Schüler*innen geben ihre Notizen an eine*n Partner*in weiter.
5. Die Partner*innen kontrollieren und korrigieren die Notizen während der Besprechung im Plenum (z. B. Auflistung an der Tafel oder Karten sichtbar anbringen).
6. Die Schüler*innen mit den meisten korrekten Wörtern mit Artikel gewinnen.

**Schritt 2 (optional):**

1. Alle Bildkarten werden auf dem Boden verteilt und dabei erneut vorgestellt.
2. Alle Schüler*innen „schlafen ein" bzw. sehen weg, während die Lehrkraft oder ggf. ein*e Schüler*in eine Karte wegnimmt.
3. Die Schüler*innen benennen schnellstmöglich die fehlende Karte und erhalten sie zur Belohnung.
4. Die Schüler*innen mit den meisten Karten gewinnen.

## Einsatz der Wimmelbilder

Für die Bearbeitung der Aufgaben ist es sinnvoll, dass alle Schüler*innen eine Kopie des Wimmelbildes vor sich liegen haben. Zusätzlich befinden sich alle Wimmelbilder als jpg-Dateien im Download. Diese können über Whiteboard, Beamer und Co. gemeinsam betrachtet werden.

Grundsätzlich sind beim Einsatz der Wimmelbilder der Vielfalt keine Grenzen gesetzt. Die Schüler*innen können

- die gelernten Vokabeln in festgelegten Farben anmalen,
- Begriffe suchen,
- Einzelbilder ausschneiden und ins Heft kleben,
- Suchspiele erfinden,
- Bilder weiterzeichnen,
- Details beschreiben,
- sich in ausgewählte Personen einfühlen und darüber schreiben usw.

Je nach Altersstufe können die Bilder als Wimmelbild oder als einfache Abbildung von Alltagssituationen behandelt werden.

## Lösungen

Sämtliche Lösungen zu den Arbeitsblättern befinden sich als PDF-Datei im Download.

# Einsatzmöglichkeiten

## Operatoren

Um auch hinsichtlich der Aufgabenstellungen den Wortschatz behutsam aufzubauen, wurde versucht, sich auf möglichst wenige Operatoren zu beschränken. Die wichtigsten stellt die folgende Liste zusammen.

# Downloadmaterial

**Downloadmaterial:**
Lösungen (PDF)
Wimmelbilder (jpg)

**Ihr persönlicher Zugang:**
Alle im Download befindlichen Dateien können Sie unter dem folgenden Link abrufen:
https://cloud.verlagruhr.de/lerninhalt/s9MLX2SD9agT/

Passwort: *Alltag*

Wenn Sie die Materialien auf Ihrem mobilen Endgerät (Handy, Tablet) aufrufen möchten, scannen Sie den QR-Code ab und öffnen Sie die Dateien.
Sollte der Link fehlerhaft sein, wenden Sie sich bitte an:
digitaleslernen@verlagruhr.de

# Im Klassenzimmer

# Im Klassenzimmer (1/3)



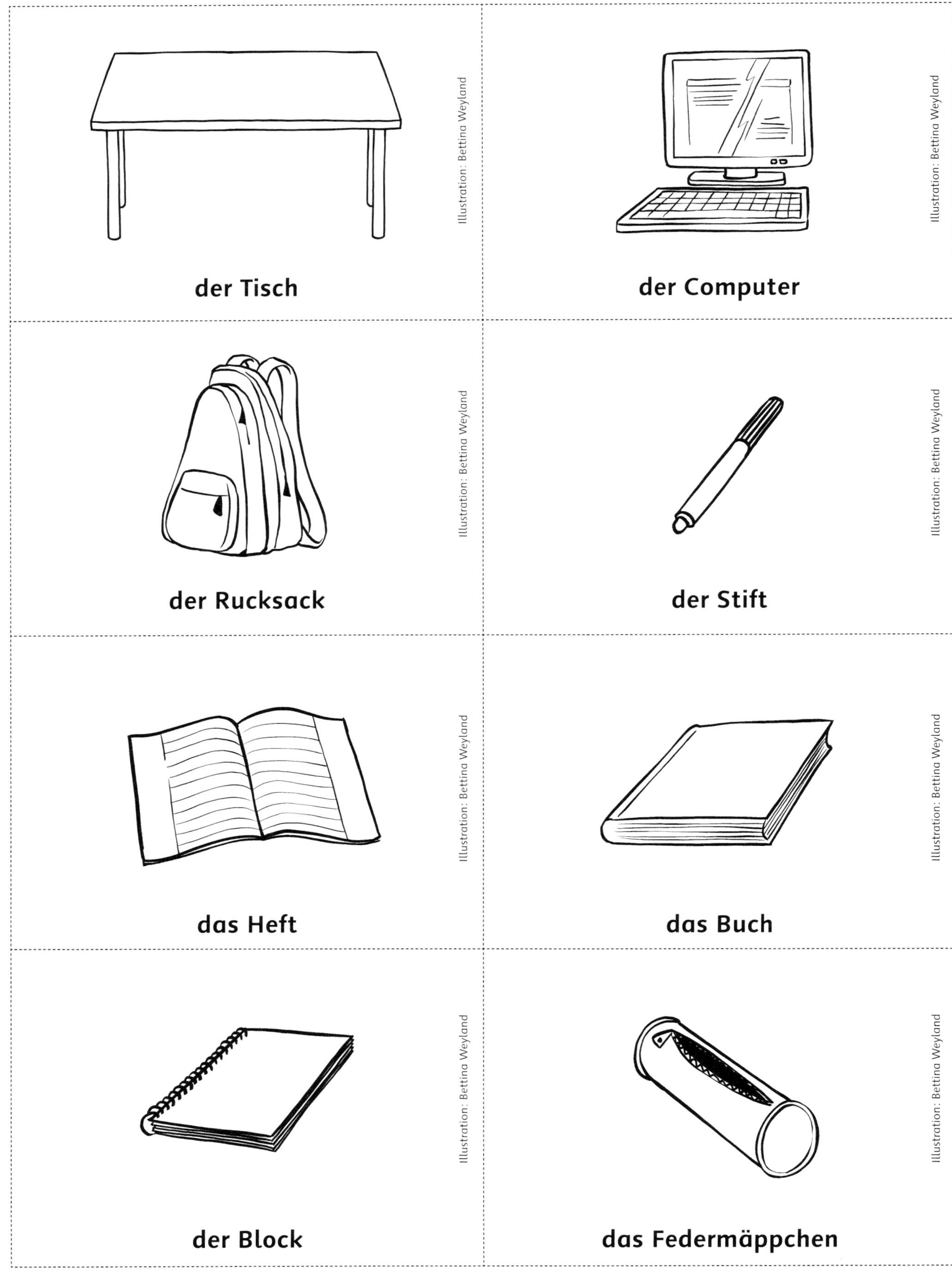

# Im Klassenzimmer (2/3)

# Im Klassenzimmer (3/3)

# Im Klassenzimmer (1/4)

**1. Wie heißen die Wörter? Schreibe mit dem bestimmten Artikel!**

das ............Heft............ die ...............................

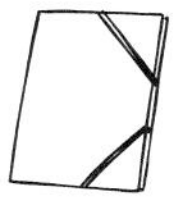

die ............................... der ...............................

der ............................... das ...............................

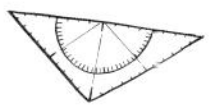

das ............................... die ...............................

**2. Wo sind die Sachen? Ordne zu!**

die Mappe

das Buch

der Anspitzer

die Trinkflasche

der Stift

der Block

der Stuhl

**das Federmäppchen** **der Rucksack** **das Klassenzimmer**

der Tisch

die Tafel

die Uhr

der Radiergummi

das Heft

das Regal

der Computer

die Schere

die Tür

# Im Klassenzimmer (2/4)

**3. a) Wo sind die Wörter? Finde die 20 Wörter im Suchsel!**

| A | N | F | H | G | Z | U | I | O | L | M | L | B | C | H | P | K | N | M | A | D |
|---|---|---|---|---|---|---|---|---|---|---|---|---|---|---|---|---|---|---|---|---|
| B | E | R | H | C | O | M | K | L | A | P | O | T | T | E | S | W | A | M | L | I |
| Z | P | L | R | H | M | O | N | Q | L | F | Y | X | D | S | I | X | V | O | C | X |
| Q | Y | S | E | L | U | I | V | J | I | E | L | T | I | S | C | H | W | X | V | S |
| C | I | O | G | M | J | N | F | M | J | D | J | E | P | T | G | G | A | K | H | Y |
| O | Q | W | A | H | C | K | R | T | S | E | K | G | V | U | V | J | S | I | J | R |
| M | Q | U | L | M | U | E | T | D | D | R | V | E | V | I | P | Q | C | S | Q | I |
| P | V | C | K | G | Y | D | F | W | J | M | F | O | R | K | F | N | H | U | Y | R |
| U | I | R | L | H | J | R | K | O | N | Ä | R | D | L | J | B | E | E | O | N | B |
| T | A | S | C | H | E | R | J | B | W | P | Z | R | Z | A | L | G | R | D | Q | D |
| E | S | J | K | J | Q | C | H | P | M | P | H | E | V | N | O | P | E | T | J | L |
| R | K | Y | B | L | O | C | K | L | M | C | Y | I | U | S | A | N | W | H | R | W |
| S | I | L | B | I | O | X | D | A | G | H | Y | E | Q | P | E | R | S | S | M | F |
| J | I | D | L | U | H | Q | M | K | Z | E | O | C | T | I | V | T | C | W | M | Y |
| L | I | V | C | T | U | M | Q | A | O | N | O | K | N | T | M | G | G | I | E | M |
| E | B | F | T | S | Q | B | H | T | I | W | U | K | A | Z | V | V | K | S | P | A |
| D | I | P | A | U | S | E | N | B | R | O | T | G | L | E | D | V | H | T | T | P |
| X | C | E | F | Y | U | K | T | I | H | Y | O | U | C | R | J | V | S | R | G | P |
| Q | U | U | E | E | N | S | I | K | G | W | N | J | O | H | Q | B | W | B | S | E |
| K | H | C | L | M | H | T | Q | X | H | W | R | L | J | I | I | U | R | I | T | P |
| P | R | R | Y | F | A | C | H | R | X | R | U | C | K | S | A | C | K | W | I | W |
| S | K | D | K | O | R | P | Y | T | M | S | T | U | H | L | Y | H | T | C | F | D |
| T | Ü | R | N | Y | C | C | S | G | N | X | G | K | P | T | X | E | J | D | T | F |
| K | Y | B | L | O | C | K | L | M | C | Y | I | U | S | A | N | W | H | R | W | O |
| O | I | V | C | T | U | M | Q | A | O | N | O | K | N | T | M | G | G | I | H | U |
| N | O | G | M | J | N | F | M | J | D | J | H | E | F | T | G | A | S | Z | I | B |

# Im Klassenzimmer (3/4)

**3. b) Wie heißt der bestimmte Artikel? Ergänze der, das oder die!**

| | | |
|---|---|---|
| ...der... Stift | ............... Computer | ............... Stuhl |
| ............... Uhr | ............... Tür | ............... Regal |
| ............... Anspitzer | ............... Geodreieck | ............... Fach |
| ............... Pausenbrot | ............... Buch | ............... Rucksack |
| ............... Schere | ............... Tafel | ............... Tisch |
| ............... Block | ............... Tasche | ............... Federmäppchen |
| ............... Heft | ............... Mappe | |

**4. Wer ist das? Sieh dir die Fächer an und ergänze!**

Das ist J asmin..........................................

Das ist S ..........................................

Das ist T ..........................................

Das ist A ..........................................

Das ist H .......................................... Wegner.

# Im Klassenzimmer (4/4)

**5. Lies die Sätze und beantworte die Fragen!**

Das ist eine internationale Klasse.

Die Schülerinnen und Schüler heißen Ahmad, Tymur, Sadra, Jasmin, Jonas, Kim und ..............

Der Lehrer heißt Herr Wegner. Er ist der Klassenlehrer. Er unterrichtet Deutsch und Mathematik.

Ahmad ist ein Junge. Er ist 12 Jahre alt und kommt aus Afghanistan.

Sadra ist ein Mädchen. Sie ist 14 Jahre alt und kommt auch aus Afghanistan.

Jasmin ist auch ein Mädchen. Sie ist 10 Jahre alt und kommt aus der Türkei.

Tymur kommt aus der Ukraine. Er ist 11 Jahre alt.

Jonas kommt aus Kanada. Er ist 15 Jahre alt.

Kim kommt aus Gambia. Kim hat eine Schwester. Sie heißt Lina. Lina ist 8 Jahre alt. Auch Lina lernt Deutsch. Kim und Lina machen die Hausaufgaben zusammen.

**a) Wie heißen die Schülerinnen und Schüler?**

*Die Schülerinnen und Schüler heißen Ahmad, Tymur, Sadra,* ..............

*Jasmin, Jonas, Kim und* ..............

**b) Welche Fächer unterrichtet Herr Wegner?**

..............

**c) Wie alt ist Tymur?**

..............

**d) Woher kommt Jonas?**

..............

**e) Was machen Kim und Lina zusammen?**

..............

..............

# Im Klassenzimmer (1/4)



**1. Wie heißen die Schülerinnen und Schüler? Notiere die Namen im Bild!**

Tymur lacht. Er hat einen Computer.

Jonas sitzt am Tisch. Er hat ein Heft.

Jasmin sieht den Lehrer. Sie hat ein Buch.

Ahmad kommt zu spät. Er braucht eine Uhr.

Kim trägt eine Brille. 

Sadra spricht mit Jonas. Sie braucht einen Block.

Frau Doll sieht die Klasse. Sie sucht den Lehrer Herrn Wegner.

**2. Was sieht Jonas? Ergänze den unbestimmten Artikel und das Nomen im Akkusativ!**

Jonas sieht ......... *einen Rucksack* .........

Siehst du ..............................?

Ja, ich sehe auch ..............................

Brauchst du ..............................?

Haben wir fünf ..............................?
– Hm, ich sehe nur drei.

**3. Notiere die Antwort im ganzen Satz!**

Wie viele Fächer siehst du im Regal? *Ich sehe sechs Fächer im Regal.*

Wann ist das Schulfest?

..............................

am ..............................

Wie viel Uhr ist es?

..............................

..............................

**MERKE (unbestimmter Artikel):**

| *Singular:* | *Nominativ* | *Akkusativ* |
|---|---|---|
| | ein | einen |
| | ein | ein |
| | eine | eine |
| *Plural:* | *Nominativ* | *Akkusativ* |
| | - | - |

# Im Klassenzimmer (2/4)

**4. Was braucht Sadra am Dienstag?
Sieh den Stundenplan an! Schreibe Sätze in dein Heft!**

| | **Mo** | **Di** | **Mi** | **Do** | **Fr** |
|---|---|---|---|---|---|
| **1** | Deutsch | Sport | Englisch | Deutsch | Deutsch |
| **2** | Deutsch | Sport | Englisch | Deutsch | Deutsch |
| **3** | Mathe | Mathe | Deutsch | Landeskunde | Deutsch |
| **4** | Mathe | Mathe | Deutsch | Landeskunde | Deutsch |
| **5** | Deutsch | Deutsch | Landeskunde | Englisch | Kunst |
| **6** | Deutsch | Deutsch | Landeskunde | Englisch | Kunst |
| **7** | | | | | |

*a) Sadra braucht einen Stift.*
*b) Sadra braucht ............................ .*

**5. Ergänze deinen Stundenplan!**

| | **Mo** | **Di** | **Mi** | **Do** | **Fr** |
|---|---|---|---|---|---|
| **1** | | | | | |
| **2** | | | | | |
| **3** | | | | | |
| **4** | | | | | |
| **5** | | | | | |
| **6** | | | | | |
| **7** | | | | | |

**6. Was brauchst du am Donnerstag für die Schule?
Schreibe Sätze in dein Heft!**

**MERKE (unbestimmter Artikel):**

| | *Nominativ* | *Akkusativ* |
|---|---|---|
| *Singular:* | ein | einen |
| | ein | ein |
| | eine | eine |
| *Plural:* | *Nominativ* | *Akkusativ* |
| | - | - |

# Im Klassenzimmer (3/4)

**7. Lies den Text! Unterstreiche alle Komposita!**

Die internationale Klasse hat im Moment acht Schülerinnen und Schüler: Du siehst Ahmad, Sadra, Jasmin, Tymur, Jonas, Kim und ................................................ .

Morgen kommt ein neuer Schüler. Oder eine neue Schülerin? Die Klasse weiß es nicht. Auch Herr Wegner weiß es nicht. Herr Wegner ist der Klassenlehrer. Er unterrichtet Deutsch und Mathematik in der Klasse.

Der nächste Tag. Ein neuer Schüler ist da. Er heißt Mohamad und kommt aus Syrien. Herr Wegner fragt: „Wer hilft Mohamad?“

Tymur meldet sich. Er fragt: „Hallo Mohamad! Wie alt bist du?“

„Ah …“ Mohamad spricht auf Arabisch.

„Hm … H-a-l-l-o Mo-ha-mad!“

„Äh … H-a-l-l-o!“

Tymur lacht: „Ich hei-ße Ty-mur. Und du?“

Tymur zeigt mit dem Finger auf Mohamad.

Mohamad lacht: „Ah! Ich hei-ße Mo-ha-mad.“

Tymur und Mohamad lachen. Mohamad hat eine Schultasche und drei Stifte dabei. Tymur sagt: „Für Deutsch brauchen wir zwei Bücher: ein Lesebuch und ein Übungsbuch. Wir brauchen auch zwei Hefte: ein Schreibheft und ein Vokabelheft.
Für Mathematik brauchen wir im Moment ein Heft, ein Geodreieck und einen Bleistift. Wir machen Geometrie.
Wir zeichnen also in Mathematik. Das macht Spaß!“

Mohamad sagt: „Äh …“ Tymur lacht. Er zeigt seine Schultasche.

**MERKE:**
Kompositum (zusammengesetztes Nomen) =
Wort 1 + Wort 2

Das Kompositum hat den Artikel von Wort 2.

# Im Klassenzimmer (4/4)

2

**8. Notiere die Komposita aus Aufgabe 7!**

*der Klassenlehrer* ........................................

..........................................................

..........................................................

..........................................................

..........................................................

..........................................................

..........................................................

..........................................................

**9. Beantworte die Fragen zum Text aus Aufgabe 9!**

Wie heißt der neue Schüler?

Der neue Schüler heißt .................................... .

Was braucht Mohamad für Mathematik?

..........................................................

..........................................................

Was hat Mohamad dabei?

..........................................................

**10. Schreibe wie im Beispiel!**

Die Dose für das Brot ist *die Brotdose* .................... .

Der Eimer für den Müll ist .................................... .

Das Brot für die Pause ist .................................... .

Der Plan für die Stunden ist .................................... .

Die Flasche zum Trinken ist .................................... .

# Im Klassenzimmer (1/4)

**1. Wie heißen die Schülerinnen und Schüler? Notiere den Namen im Bild!**

Tymur steht neben dem Computer.
Herr Wegner sitzt vor dem Stundenplan.
Frau Doll steht hinter dem Fenster.
Ahmad steht vor der Tür.
Jasmin sitzt hinter zwei Tischen.
Sadra sitzt vor dem Plakat.
Jonas sitzt neben Sadra.
Kim hat eine Brille auf der Nase.

**Ein Schüler hat noch keinen Namen.**
**Was sagst du? Wie heißt er?** Er heißt ..................................................

**2. a) Suche im Bild und verbinde!**

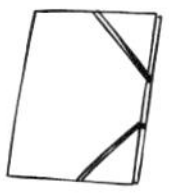

| | | |
|---|---|---|
| ist | auf dem | Tür. |
| ist | neben dem | Bleistift. |
| ist | in der | Regal. |
| ist | unterm | Tafel. |
| ist | neben der | Tisch. |
| ist | im | Tasche. |
| sind | im | Federmäppchen. |
| ist | über der | Regal. |

**BEACHTE:**
in + dem = im
unter + dem = unterm

**b) Schreibe die Sätze in dein Heft!**

*1. Die Mappe ist auf dem Regal.*
*2. Die Schere …*

**MERKE:**

| | Nom. | Dat. | Nom. | Dat |
|---|---|---|---|---|
| *Singular:* | der → | dem | ein → | einem |
| | das → | dem | ein → | einem |
| | die → | der | eine → | einer |
| *Plural:* | die → | den | | |

# Im Klassenzimmer (2/4)

**3. Was ist wo im Bild? Ergänze!**

D3: *Ein Füller ist auf dem Heft. Das Heft ist auf dem Tisch.*

C4: ..........

..........

A3: ..........

..........

B4: ..........

..........

B3: ..........

..........

F3: ..........

..........

E3: ..........

..........

C2: ..........

..........

**4. Schreibe drei weitere Sätze zum Bild in dein Heft!**

*a) Die Trinkflasche …*
*b)*

**5. Sieh dich in deinem Klassenraum um.**
**Was ist hier wo? Schreibe Sätze in dein Heft!**

*a) Der Radiergummi ist …*
*b)*

# Im Klassenzimmer (3/4)

**6. Lies den Text!**

Ahmad ist zu Hause. Er liegt im Bett und schläft. Er hat einen Traum. Im Traum sieht er sein Klassenzimmer, aber es sieht anders aus. Die Schülerinnen und Schüler sprechen mit ihm, aber er kann sie nicht hören. Da ist Kim! „Hallo Kim!" Kim hört ihn nicht. Verwundert geht er weiter. „Hallo Jonas!" Aber Jonas hört ihn auch nicht. Ahmad ruft. Er schreit. Aber keiner hört ihn. Er sieht sich das Klassenzimmer genauer an.

„Komisch", denkt er, „warum liegt denn der Computer unterm Tisch?" Da sieht er Sadras Rucksack. Er hängt am Fenster. Eine Schere liegt im Mülleimer und ein Schuh auf dem Regal. „Was soll das? Was ist passiert?" Er fragt Herrn Wegner, der im Regal sitzt. „Herr Wegner, warum sitzen Sie denn im Regal?" Aber Herr Wegner hört ihn nicht.

Ahmad setzt sich an den Lehrertisch. „Sadra, warum hast du ein Brot auf deinem Kopf? Und warum putzt sich Jasmin die Zähne ... mit dem Radiergummi?" Er sieht Tymur. Tymur reibt sich den Bauch. Er hat Hunger. „Jonas? Hast du etwas zu essen für mich? Ich habe so großen Hunger!" Jonas nimmt sein Deutschbuch und gibt es Tymur: „Hier hast du Lesefutter!" „Danke", sagt Tymur, „mein Lieblingsfach!" Und er beißt ins Buch.

Da wacht Ahmad auf. Er ist verwirrt. „Was war das?" Er sieht auf die Uhr: Es ist 8.10 Uhr. „Oh nein! Die Schule hat schon angefangen!" Er rennt ins Badezimmer, duscht sich und zieht sich schnell an. Als er seine Zähne putzt, muss er an den Radiergummi denken. „Bäh!" Ahmad spuckt. Dann läuft er zum Rucksack, zieht irgendwelche Schuhe an und rennt zur Schule.

Als er in die Klasse kommt, ist es schon 8.52 Uhr. „Entschuldigung!", sagt Ahmad. Herr Wegner sieht ihn an: „Warum kommst du so spät, Ahmad? Wir fangen hier immer um 8 Uhr an. Wie siehst du überhaupt aus?" Die Klasse sieht Ahmad an. Tymur muss lachen. „Ahmad, du hattest keine Zeit, dich richtig anzuziehen, oder? Draußen scheint die Sonne und du trägst Gummistiefel, einen Pullover und einen Mantel?" Ahmad sieht an sich herunter. Er lacht mit den anderen zusammen. Aber eigentlich ist er nur froh, dass in der Klasse alles so ist wie immer.

# Im Klassenzimmer (4/4)

**7. Beantworte die Fragen zum Text aus Aufgabe 6.**

**a) Warum kommt Ahmad zu spät?**

*Ahmad kommt zu spät, weil er zu lange geschlafen hat.*

**b) Warum können die Schülerinnen und Schüler Ahmad nicht hören?**

..........

..........

**c) Das Wort „Lesefutter" gibt es wirklich. Was glaubst du, was es bedeutet?**

..........

..........

**8. Was sagen oder denken die Personen?**
**Wähle eine oder zwei Personen aus und schreibe Sätze!**

Ahmad und Herr Wegner | Jonas und Sadra | Ahmad und Tymur | Frau Doll

A: ..........

B: ..........

A: ..........

B: ..........

A: ..........

B: ..........

# Im Schulgebäude

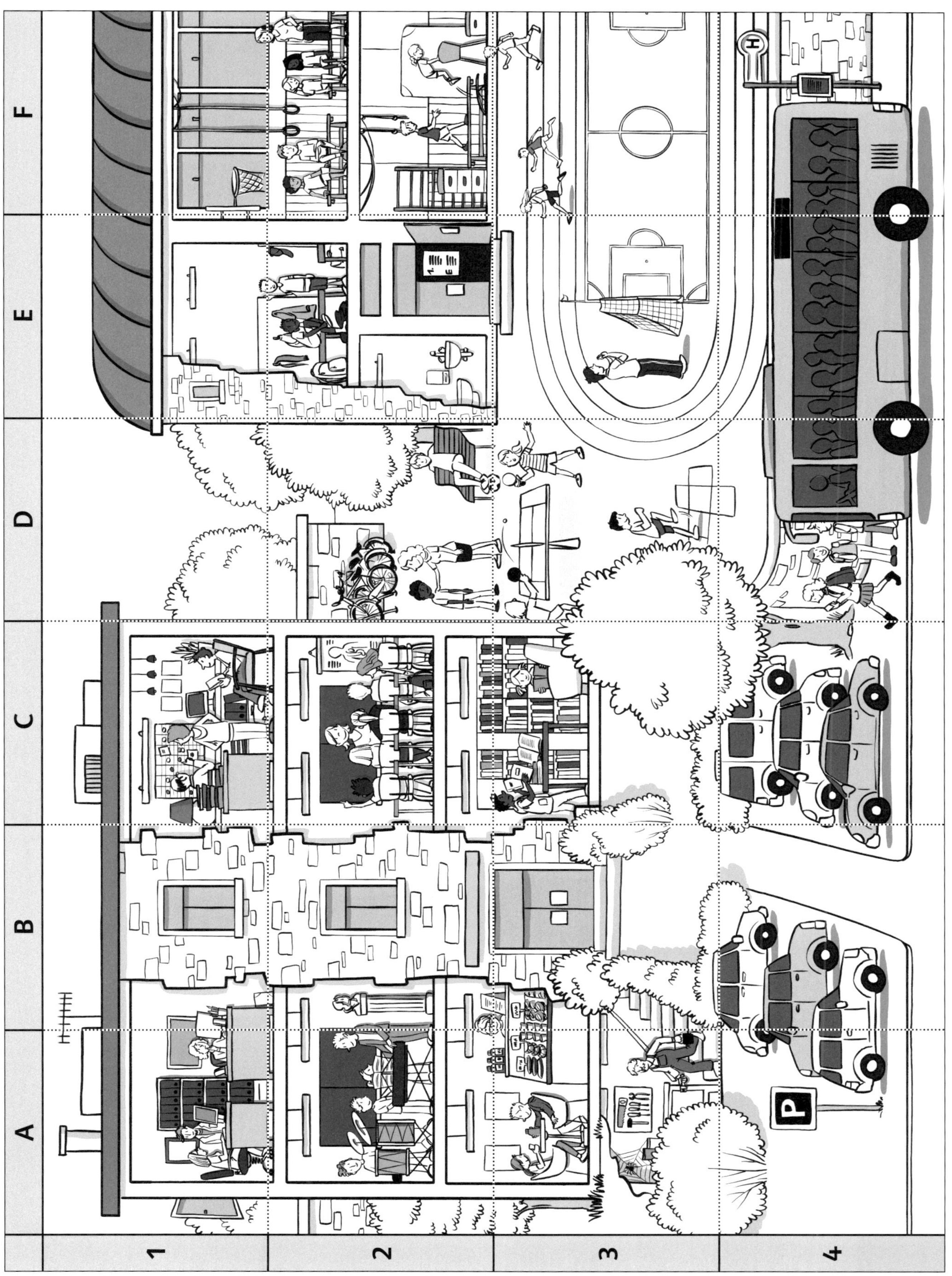

# Im Schulgebäude (1/3)



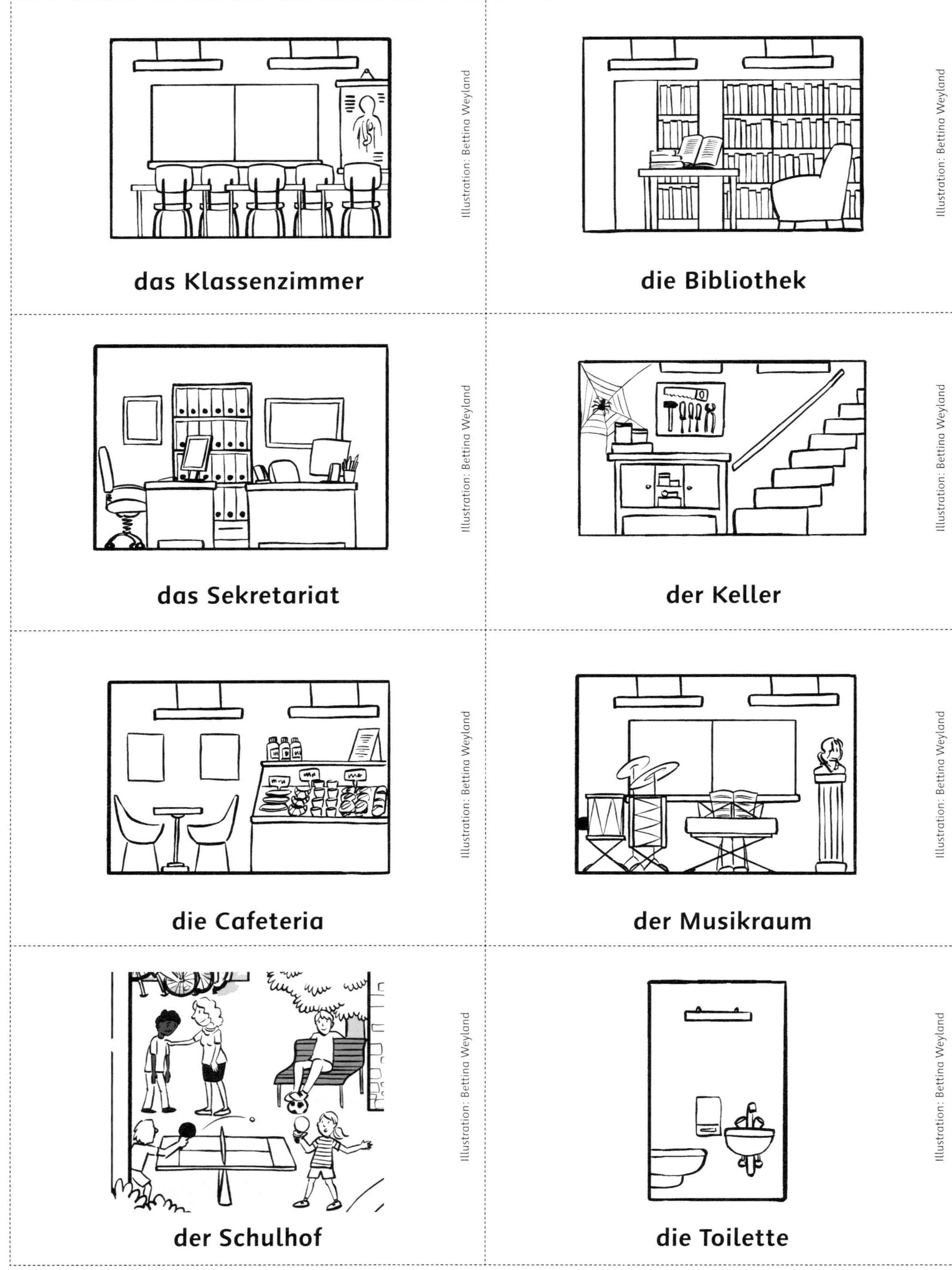

# Im Schulgebäude (2/3)

Bildkarten

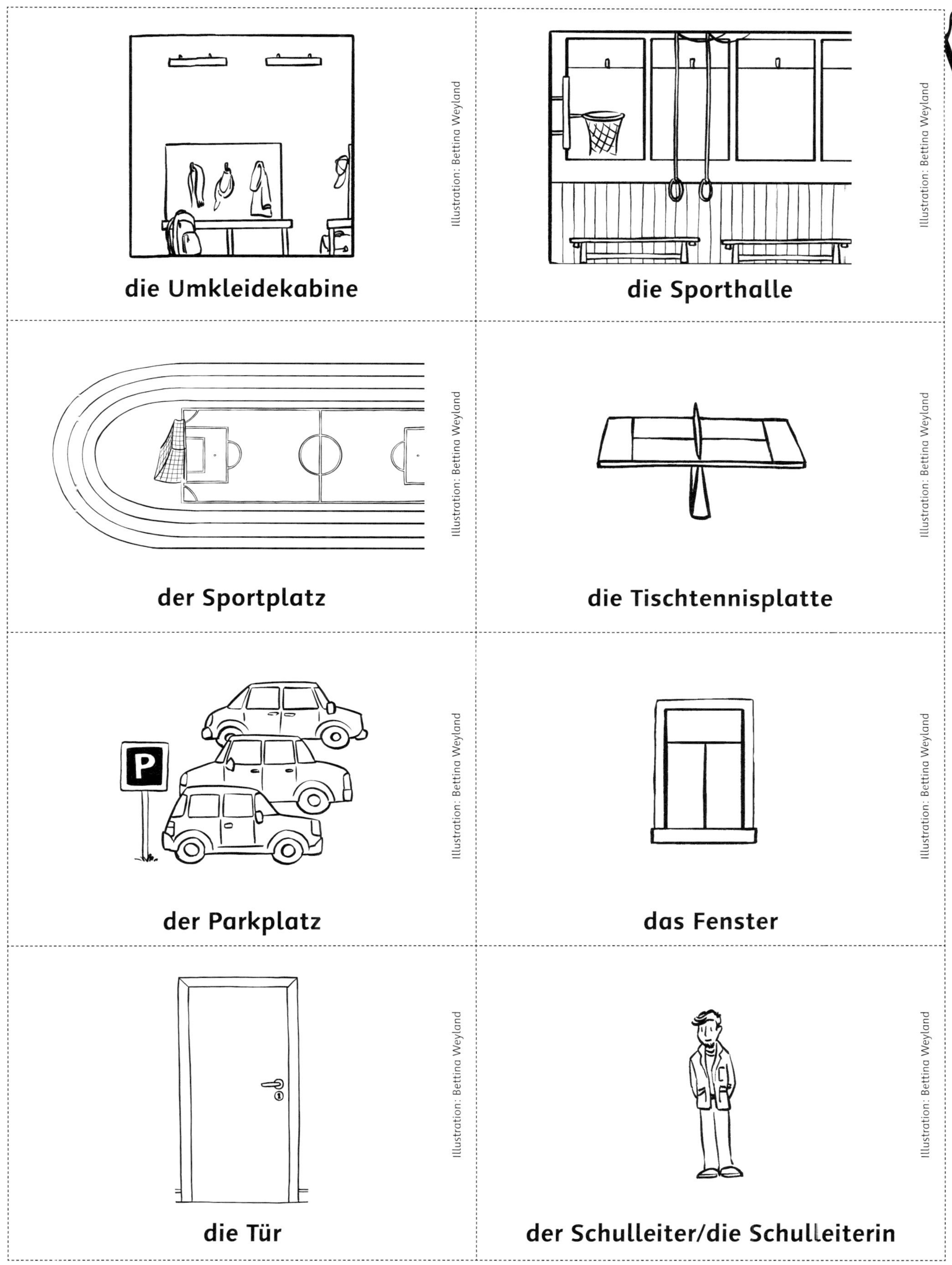

# Im Schulgebäude (3/3)

Bildkarten

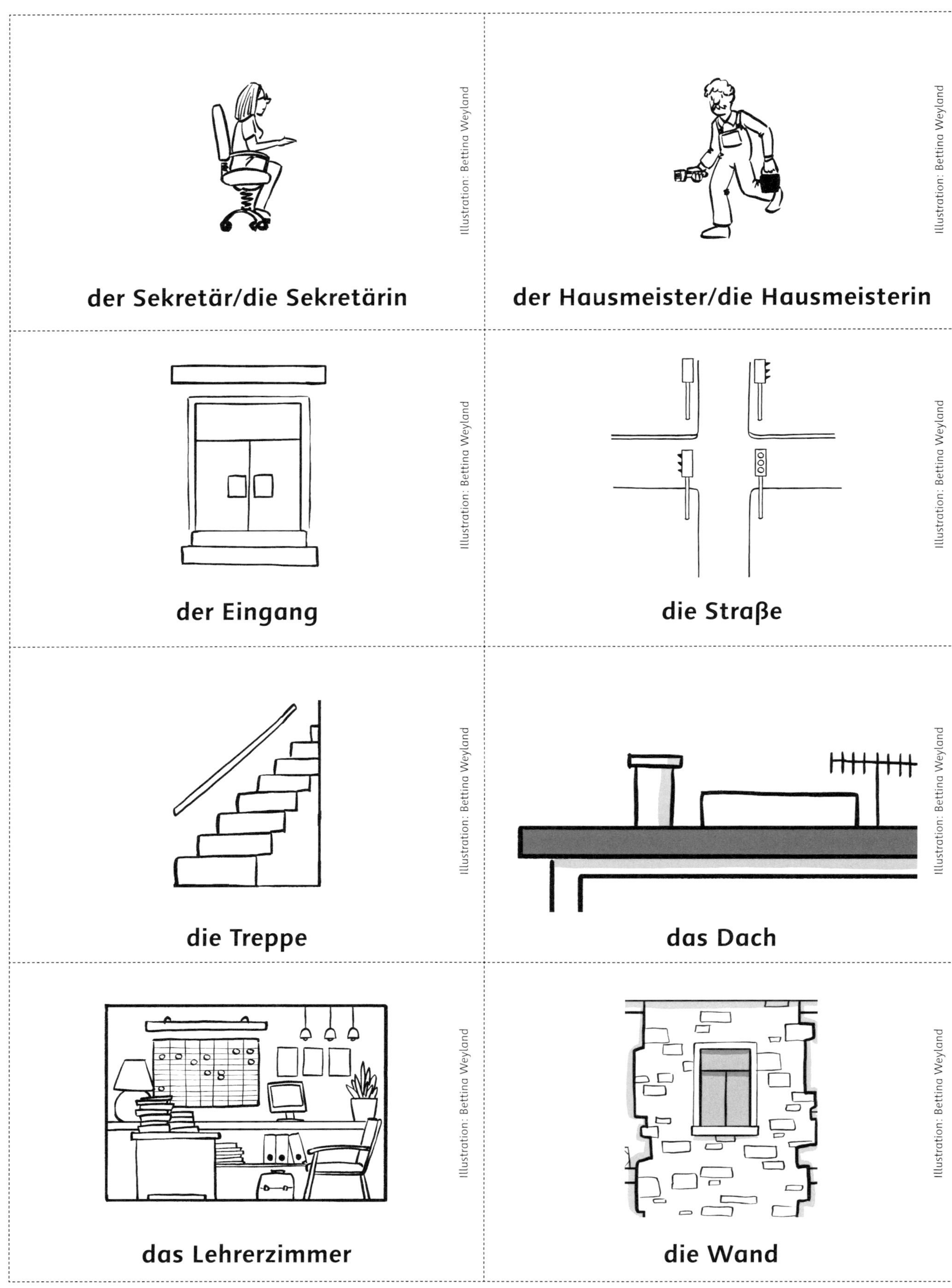

# Im Schulgebäude (1/4)

**1. Wo ist was? Notiere den Buchstaben und die Zahl wie im Beispiel!**

Wo ist das Sekretariat? *Das Sekretariat ist in A1*.

Wo ist die Sporthalle? *Die Sporthalle ist in* ........................................

Wo ist der Keller? *Der Keller ist in* ........................................

Wo ist die Cafeteria? ........................................

Wo ist die Bibliothek? ........................................

Wo ist Tymur? ........................................

**2. Wo ist ...? Ordne zu!**

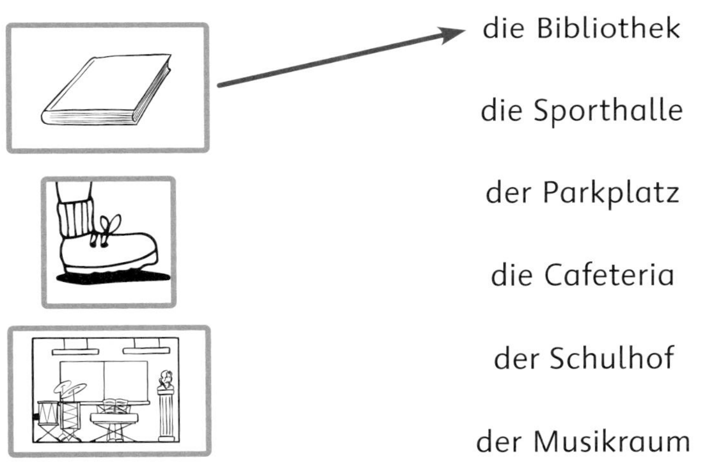

die Bibliothek

die Sporthalle

der Parkplatz

die Cafeteria

der Schulhof

der Musikraum

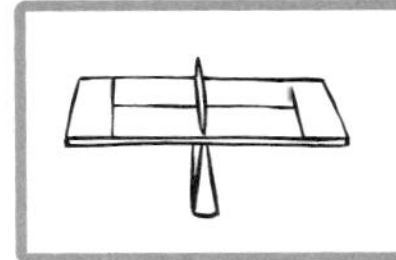

**3. Verbinde und bilde Wörter. Notiere sie mit bestimmtem Artikel in dein Heft!**
***Denke daran:*** **Schreibe den ersten Buchstaben groß!**

| | | | | | | | | | | |
|---|---|---|---|---|---|---|---|---|---|---|
| schul | kre | mer | ~~mu~~ | de | ~~sik~~ | fens | a | trep | ri | pe |
| sport | bi | platz | ca | fe | gang | ter | te | ri | ein | se |
| ta | ~~raum~~ | sen | zim | um | at | klei | ka | klas | ne | hof |

*der Musikraum, ...*

# Im Schulgebäude (2/4)

**4. Welches Personalpronomen passt? Verbinde!**

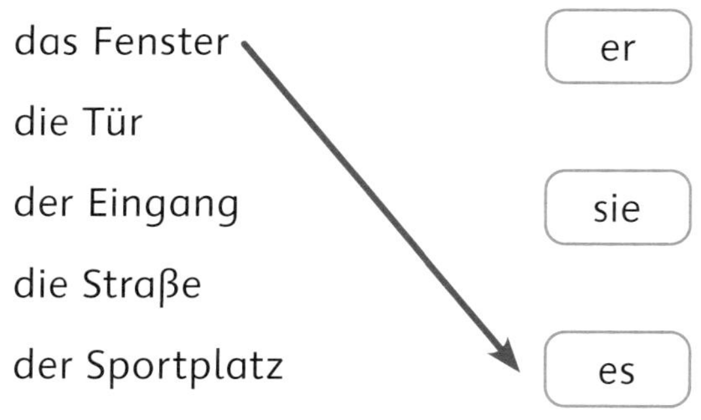

| | | |
|---|---|---|
| das Fenster | er | die Umkleidekabine |
| die Tür | | das Dach |
| der Eingang | sie | Frau Schneider |
| die Straße | | Herr Sander |
| der Sportplatz | es | Jasmin |

**MERKE:**
der → er
das → es
die → sie

**5. Welches Personalpronomen passt? Ergänze! Schreibe die Sätze dann in dein Heft!**

Das ist der Hausmeister Herr Sander.

.........*Er*......... arbeitet im Keller.

Das ist der Musiklehrer Herr Aydin.

........................ unterrichtet Musik.

Das ist die Sekretärin Frau Schneider.

........................ schreibt eine E-Mail.

Das ist Nujan.

........................ liest ein Buch.

Das ist Jonas.

........................ trinkt Wasser.

Das ist Jasmin.

........................ lernt Biologie.

Das ist Tymur.

........................ springt.

Das ist die Sportlehrerin Frau Stabick.

........................ erklärt ein Spiel.

Das ist Frau Berne.

........................ verkauft Essen.

Das ist Herr Harms.

........................ ist der Vater von Jonas.

**6. Schreibe die Sätze in dein Heft!**

# Im Schulgebäude (3/4)

**7. Was ist das? Ergänze wie im Beispiel!**

Was ist das?

Das ist das ......*Sekretariat*...... .

......*Es*...... ist im 2. Stock.

Was ist das?

Das ist die ............................................ .

.................. ist im Erdgeschoss.

Was ist das?

Das ist das ............................................ .

.................. ist im 2. Stock.

Was ist das?

Das ist die ............................................ .

.................. ist im Erdgeschoss.

Was ist das?

Das ist der ............................................ .

.................. ist im 1. Stock.

Was ist das?

Das ist die ............................................ .

.................. ist im 1. Stock.

# Im Schulgebäude (4/4)

**8. Wer sagt was? Lies die Sätze und verbinde!**

Hallo Leute!
Ich bin Sofia. Ich bin 12 Jahre alt. Mein Lieblingsfach ist Biologie. Meine Lieblingslehrerin heißt Frau Schell. Sie ist Biologielehrerin. Ich sitze im ersten Stock.

Hi!
Ich heiße Leonard. Ich bin 10 Jahre alt. Meine Freunde sagen auch „Leo" zu mir. Ich habe Sport. Frau Stabick macht mit uns Basketball. Sie ist Sportlehrerin.

Hallo!
Ich heiße Nujan. Ich bin 11 Jahre alt. Ich lese gerne. Ich habe eine Freistunde.

Hallo du!
Ich heiße Sadra. Ich bin ein Mädchen. Ich bin 14 Jahre alt. Ich bin auf dem Schulhof und spiele Tischtennis.

**Und wie heißt du? Schreibe über dich!**

..............................................................................................

..............................................................................................

..............................................................................................

**9. Beantworte die Fragen!**

Wo arbeitet Herr Sander heute?

..............................................................................................

Wie heißt Sofias Lieblingslehrerin?

..............................................................................................

Wer spielt Tischtennis?

..............................................................................................

# Im Schulgebäude (1/4)



**1. Wie viele ...? Zähle!**

Wie viele Bücher siehst du in der Bibliothek?

Ich sehe ...93... Bücher in der Bibliothek.

Wie viele Schüler siehst du in der Sporthalle?

Ich sehe ............... Schüler in der Sporthalle.

Wie viele Schülerinnen und Schüler haben Sport?

............... Schülerinnen und Schüler haben Sport.

Wie viele Brötchen siehst du in der Cafeteria?

Ich sehe ............... Brötchen in der Cafeteria.

Wie viele Autos siehst du auf dem Parkplatz?

Ich sehe ............... Autos auf dem Parkplatz.

**2. Ordne die Pluralformen zu.**

| | |
|---|---|
| der Schüler → die Schüler | die Lehrerinnen |
| das Buch | die Schüler |
| das Brötchen | die Brötchen |
| die Lehrerin | die Schülerinnen |
| die Schülerin | die Bücher |

**3. Notiere den Singular mit Artikel!**

| | | | |
|---|---|---|---|
| die Wände | – die ... Wand ... | die Schulhöfe | – ............ .............................. |
| die Straßen | – ............ .............................. | die Umkleidekabinen | – ............ .............................. |
| die Fenster | – ............ .............................. | die Klassenzimmer | – ............ .............................. |
| die Dächer | – ............ .............................. | die Sporthallen | – ............ .............................. |
| die Treppen | – ............ .............................. | die Toiletten | – ............ .............................. |
| die Eingänge | – ............ .............................. | die Parkplätze | – ............ .............................. |

# Im Schulgebäude (2/4)

**4. Wie viele …? Zähle an deiner Schule!**

Wie viele Musikräume habt ihr in der Schule?

Wir haben ........................................ an der Schule.

Wie viele Sporthallen habt ihr in der Schule?

Wir haben ........................................ an der Schule.

**5. Welche Räume hat deine Schule? Schreibe fünf Sätze in dein Heft!**

*Meine Schule hat ein Sekretariat.*
*Meine Schule hat …*

**6. Welches Wort hat welchen Artikel im Akkusativ? Ordne zu!**

| der → den | das → das | die → die |
| --- | --- | --- |
| *der Keller* | ........ | ........ |
| ........ | ........ | ........ |
| ........ | ........ | ........ |
| ........ | ........ | ........ |
| ........ | ........ | ........ |
| ........ | ........ | ........ |

Keller, Toilette, Dach, Lehrerzimmer
Treppe, Wand, Schulhof, Straße
Eingang, Parkplatz, Sporthalle, Fenster
Sekretariat, Cafeteria, Musikraum, Sportplatz
Klassenzimmer

 

# Im Schulgebäude (3/4)

**7. a) Neu an der Schule. Wo finde ich …?**
**Ergänze den bestimmten Artikel im Akkusativ!**

„Entschuldigung, wo finde ich den Musikraum?“

„Du findest ........ *den Musikraum* ........ im ersten Stock.“

„Entschuldigung, wo finde ich die Cafeteria?“

„Du findest ............................................ im Erdgeschoss.“

„Entschuldigung, wo finde ich den Eingang?“

„Du findest ............................................ im Erdgeschoss.“

**b) Schreibe weitere Sätze!**

Toilette: ............................................................................................

............................................................................................

Sekretariat: ............................................................................................

............................................................................................

Umkleidekabine: ............................................................................................

............................................................................................

Bibliothek: ............................................................................................

............................................................................................

Klassenzimmer: ............................................................................................

............................................................................................

Sporthalle: ............................................................................................

............................................................................................

# Im Schulgebäude (4/4)



**8. Alle suchen etwas. Lies den Text und beantworte die Fragen!**

Herr Sander ist im Keller. Er sucht einen Hammer. Er will ein kaputtes Fenster reparieren. Das Fenster ist im zweiten Stock.

Im zweiten Stock ist das Sekretariat. Hier sitzt Frau Schneider. Sie sucht eine Mappe. Ein Schüler ist krank und sie braucht die Telefonnummer.

Siwar ist in der Bibliothek. Er sucht ein Buch. Er interessiert sich sehr für Handball und will etwas über Handball lesen.

Ahmad ist in der Umkleidekabine. Er sucht einen Schuh. Frau Stabick wartet mit der Klasse auf Ahmad, aber er kommt nicht. Ahmad will Basketball spielen, aber das geht nicht mit einem Schuh.

Jasmin ist im Biologieunterricht. Sie hört gut zu. Biologie ist ihr Lieblingsfach und die Biologielehrerin Frau Schell ist ihre Lieblingslehrerin. Sie will alles ins Heft schreiben, aber sie findet keinen Stift. Sie sucht und sucht und sucht. Sofia sieht das und sagt: „Nimm doch meinen Stift!“ Jasmin freut sich und sagt: „Danke!“

**a)** Was macht Herr Sander im Keller?

..............................................................................................................

**b)** Wo ist das kaputte Fenster?

..............................................................................................................

**c)** Was braucht Frau Schneider?

..............................................................................................................

**d)** Was sucht Siwar in der Bibliothek?

..............................................................................................................

**e)** Was macht Ahmad alleine in der Umkleidekabine?

..............................................................................................................

**f)** Wer gibt Jasmin einen Stift?

..............................................................................................................

# Im Schulgebäude (1/4)

**1. Wer ist wo? Finde die Personen und kreise sie im Bild ein!**

Jasmin antwortet der Lehrerin. Sie hat Biologie.

Frau Christhoff hilft dem Schüler. Der Schüler weint.

Dem Musiklehrer gefällt das Keyboard. Er heißt Herr Aydin.

Frau Meyer hört dem stellvertretenden Schulleiter zu.
Er macht einen neuen Stundenplan. Sie ist die Schulleiterin.

Herr Harms dankt der Sekretärin. Sie hat ihm sehr geholfen.

**2. Schreibe die Sätze aus Aufgabe 1 in dein Heft!**
**Unterstreiche die Sätze mit einem Dativ! Markiere die Verben in diesen Sätzen!**

**3. Welches Wort hat welchen Artikel? Ordne zu!**

| der → dem | das → dem | die → der |
|---|---|---|
| .................... | *das Lehrerzimmer* | .................... |
| .................... | .................... | .................... |
| .................... | .................... | .................... |
| .................... | .................... | .................... |
| .................... | .................... | .................... |
| .................... | .................... | .................... |

| | | |
|---|---|---|
| Lehrerzimmer | Treppe | Klassenzimmer |
| Keller | Toilette | Dach |
| Wand | Schulhof | Parkplatz |
| Straße | Eingang | Musikraum |
| Sporthalle | Fenster | Sportplatz |
| Sekretariat | Cafeteria | |

# Im Schulgebäude (2/4)

**4. Wo ist wer? Schreibe Sätze mit in + Dativ!**

**BEACHTE:**
in + dem = im

*Jonas:*

Jonas ist *in der Cafeteria* .................................................

*Frau Stabick:*

.................................................

.................................................

*Herr Sander:*

.................................................

.................................................

*Nujan:*

.................................................

.................................................

*Ahmad:*

.................................................

.................................................

*Frau Schneider:*

.................................................

.................................................

*Sofia:*

.................................................

.................................................

# Im Schulgebäude (3/4)

**5. Zeichne ins Bild!**

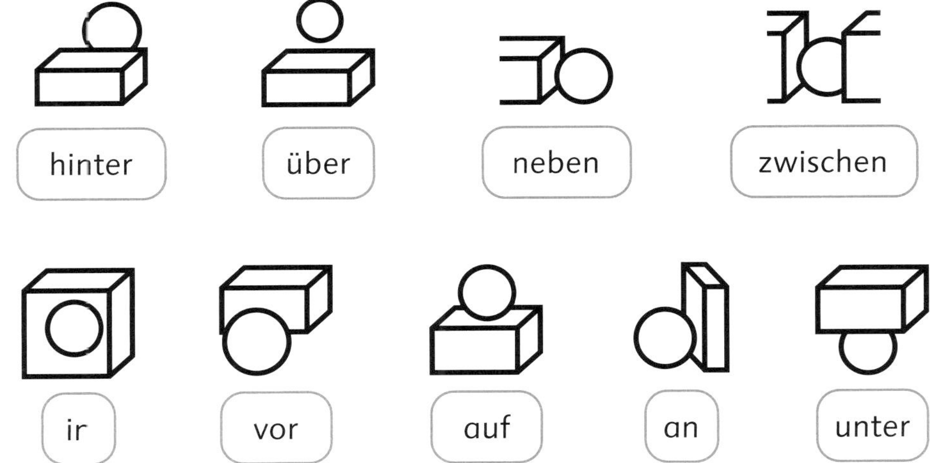


Sam wartet an der Bushaltestelle.

Eine Katze sitzt auf dem Dach.

Herr Kilic wartet im Auto.

Im Musikraum hängt eine Gitarre.

Hinter der Tischtennisplatte steht Frau Oborska.

Neben dem Hausmeister rennt eine Maus.

Unter der Tischtennisplatte liegt ein Fußball.

Zwischen den Autos sucht Timo seinen Fahrradschlüssel.

Über einem Fenster hängt eine Uhr. Es ist zehn nach neun.

Vor dem Eingang steht eine Straßenlaterne.

**6. Verbinde! Schreibe dann die Sätze in dein Heft!**

| | |
|---|---|
| Viele Schülerinnen und Schüler steigen | mit dem Bus. |
| Die Sekretärin ruft | von einem Film. |
| Viele Schülerinnen und Schüler kommen | aus dem Bus aus. |
| Wir haben Sport | zum Sekretariat. |
| Nujan ist schon lange in der Bibliothek. Sie ist dort | seit der ersten Stunde. |
| Ich bin krank. Ich muss | beim Arzt an. |
| Frau Schell erzählt | nach der Pause. |

# Im Schulgebäude (4/4)

**7. Was sagt Efe zu Frau Christhoff?
Schreibe einen Text in dein Heft!**

*Frau Christhoff, mir geht es nicht gut.
Ich … und …, aber …*

**8. a) Lies den Text!**

Der Montag ist für mich immer ein sehr langer Tag.
Ein langer und anstrengender Tag.

Wir beginnen morgens mit zwei Stunden Sport in der Sporthalle. Vor dem Sportunterricht und nach dem Sportunterricht gehen wir in die Umkleidekabine. Dort haben wir immer zehn Minuten Zeit. Dann müssen wir pünktlich in der Sporthalle sein. Wir laufen ein paar Runden und trainieren dann Basketball. Zehn Minuten vor dem Klingeln ziehen wir uns in der Umkleidekabine um.

Nach der Pause, also in der dritten Stunde, haben wir Biologie. Der Biologieraum ist im ersten Stock. Ich bin super in Biologie und helfe den anderen Schülerinnen und Schülern immer. Aber heute ist nicht meine Lieblingslehrerin Frau Schell da, sondern eine andere Lehrerin. Sie heißt Frau Stockmeier. Frau Stockmeier ist auch Biologielehrerin. Sie kann den Schülerinnen und den Schülern die ganze Tierwelt erklären. Heute nach der Stunde ist unser Kopf voll.

Jeden Montag haben wir in der vierten Stunde Musik.
Der Musikraum ist auch im ersten Stock, also müssen wir keine Treppe benutzen. Wir spielen im Moment viel auf dem Keyboard. Aber heute ist das Keyboard kaputt. In der zweiten Pause gehe ich zum Sekretariat, weil ich einen Zettel abgeben muss. Dort arbeitet normalerweise Frau Schneider. Sie schreibt den Lehrerinnen und Lehrern E-Mails oder telefoniert mit den Eltern. Frau Schneider ist aber heute in der Pause nicht da. Also gebe ich den Zettel bei der anderen Sekretärin, Frau Roth, ab.

**b) Schreibe weiter in dein Heft!**

*In der fünften Stunde … In der sechsten Stunde …*

# Im Straßenverkehr

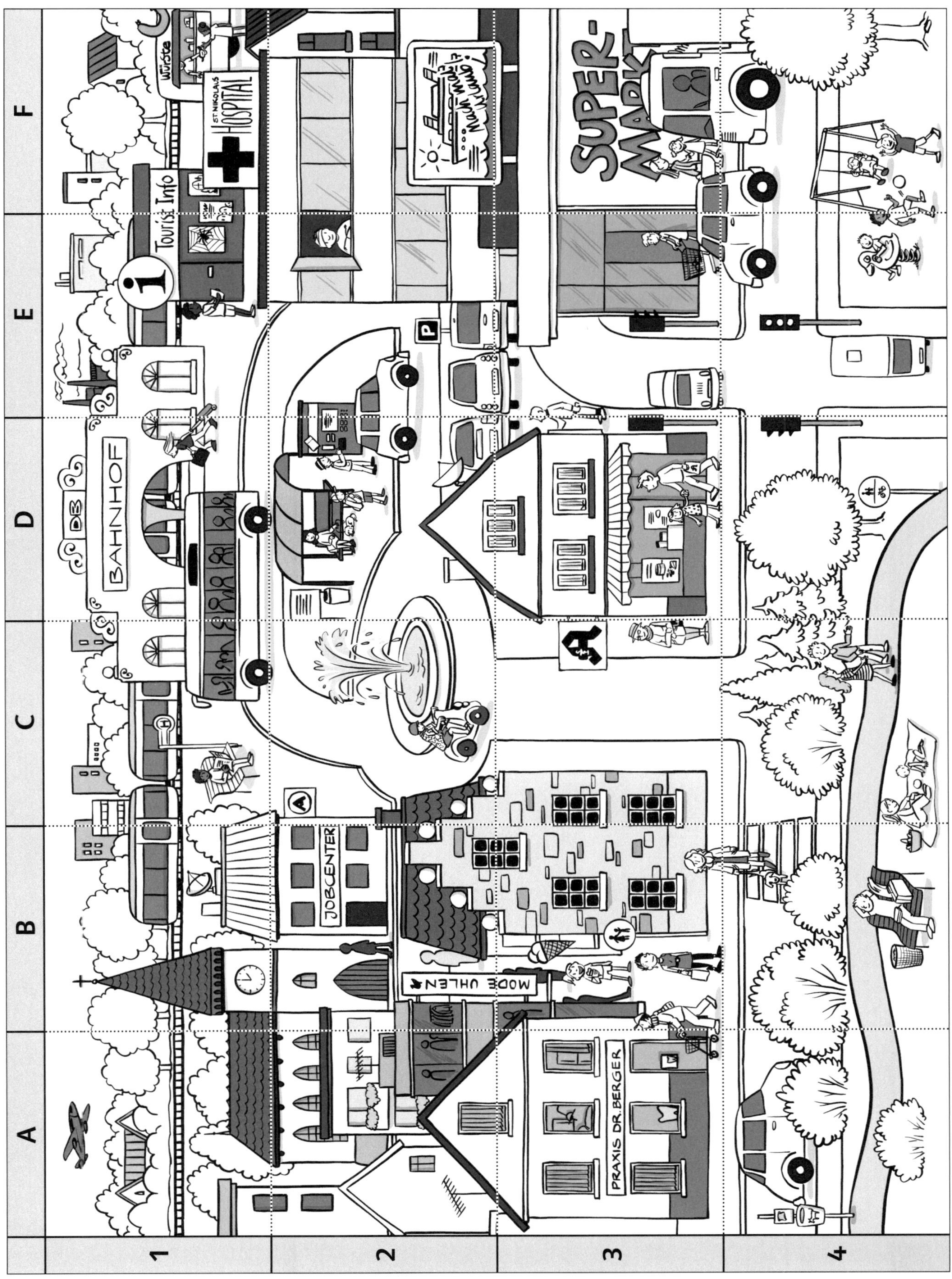

# Im Straßenverkehr (1/3)

Bildkarten

# Im Straßenverkehr (2/3)

Bildkarten

die Apotheke

die Imbissbude

das Schiff

der Spielplatz

die Kreuzung

der Supermarkt

der Zebrastreifen

die Bushaltestelle

# Im Straßenverkehr (3/3)

Bildkarten

# Im Straßenverkehr (1/4)

**1. Wortschlange. Trenne die Wörter und schreibe sie mit Artikel in dein Heft!**

SPIELPLATZ|SUPERMARKTKREUZUNGAMPELARZT PRAXISKIRCHEBUSHALTESTELLEFAHRKARTE

*Der Spielplatz, d...*

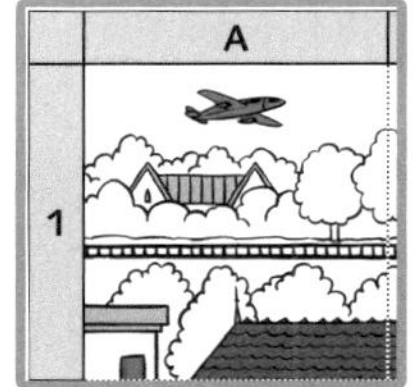


**2. Wo ist was? Notiere den Buchstaben und die Zahl wie im Beispiel!**

Wo ist das Flugzeug? *Das Flugzeug ist in A1*.

Wo ist die Apotheke? *Die Apotheke ist in* ..............................

Wo ist das Schiff? *Das Schiff ist in* ..............................

Wo ist der Spielplatz? ..............................

Wo ist die Kreuzung? ..............................

Wo ist die Bushaltestelle? ..............................

Wo ist der Bahnhof? ..............................

Wo ist das Jobcenter? ..............................

Wo ist der Zebrastreifen? ..............................

**3. Er, es oder sie? Ergänze das Personalpronomen!**

| | | | |
|---|---|---|---|
| der Bahnhof → | *er* | der Zebrastreifen → | .............. |
| das Flugzeug → | .............. | das Schiff → | .............. |
| die Kreuzung → | .............. | der Zug → | .............. |
| das Fahrrad → | .............. | das Auto → | .............. |
| die Ampel → | .............. | | |

**MERKE:**
der → er
das → es
die → sie

# Im Straßenverkehr (2/4)

**4. Wo ist …? Ergänze das Personalpronomen!**

Wo ist die Kreuzung? ...Sie... ist hier.

Wo ist das Schiff? ............... ist hier.

Wo ist der Fahrradweg? ............... ist hier.

Wo ist das Auto? ............... ist hier.

Wo ist der Zebrastreifen? ............... ist hier.

Wo ist die Bushaltestelle? ............... ist hier.

Wo ist der Bus? ............... ............... ...............

Wo ............... der Spielplatz? ............... ............... ...............

............... ............... das Krankenhaus? ............... ............... ...............

............... ............... die Fahrkarte? ............... ............... ...............

............... ............... das Jobcenter? ............... ............... ...............

**5. Was macht …? Notiere den Infinitiv (die Grundform)!**

Das Flugzeug fliegt. → ...fliegen...

Der Bus kommt. → ...............

Tim spielt Fußball. → ...............

Shabnam macht eine Pause. → ...............

Das Schiff schwimmt im Meer. → ...............

Herr Müller rennt zum Bahnhof. → ...............

**6. Wer fliegt? Schreibe die Sätze aus Aufgabe 5 mit Personalpronomen!**

Das Flugzeug fliegt. → ...Es fliegt...

Der Bus kommt. → ...............

Tim spielt Fußball. → ...............

Shabnam macht eine Pause. → ...............

Das Schiff schwimmt im Meer. → ...............

Herr Müller rennt zum Bahnhof. → ...............

# Im Straßenverkehr (3/4)

**7. Wo ist das im Bild? Lies Aufgabe 5 und kreise im Bild ein!**

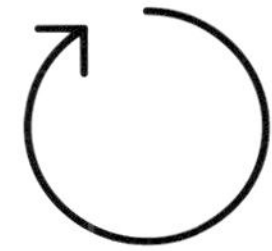

**8. Schreibe die Sätze aus Aufgabe 5 mit „Ich …" in dein Heft!**

*Ich fliege.*
*Ich k*..........................................

**9. Fragen und Antworten mit du und ich. Ergänze!**

Rennst du zum Bahnhof?

Ja, ich ........ *renne* ........ zum Bahnhof.

Spielst du Fußball?

Ja, ich .................... ....................

Machst du eine Pause?

Ja, ich .................... ....................

**10. a) Lies den Text und setze die Punkte!**

Das ist Lucas Er ist 11 Jahre alt Er kommt aus Frankreich Er geht mit seinem Vater durch die Stadt Er ist in D3 Das ist Herr Müller Er ist 57 Jahre alt Er kommt aus Deutschland Er rennt zum Bahnhof Der Zug ist schon da Herr Müller ist nicht pünktlich Das ist Liviu Er ist 17 Jahre alt Er kommt aus Rumänien Er kauft eine Fahrkarte

**b) Wer sind die Personen? Notiere die Namen im Bild!**

# Im Straßenverkehr (4/4)

**11. Welches Wort passt? Verbinde!**

| | |
|---|---|
| Das ist → | die Apotheke. |
| Das ist | das Krankenhaus. |
| Das ist | die Bushaltestelle. |
| Das ist | das Informationszentrum. |
| Das ist | das Jobcenter. |
| Das ist | der Parkplatz. |
| Das ist | die Fußgängerzone. |
| Das ist | der Bahnhof. |

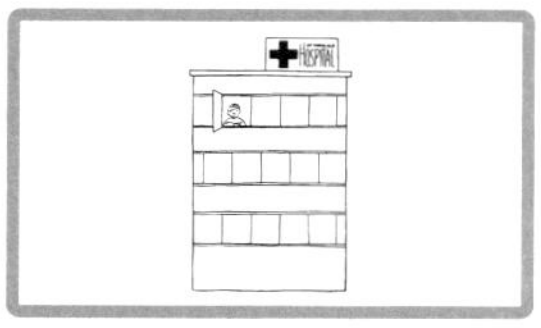

**12. Schreibe die Sätze aus Aufgabe 11 in dein Heft!**

*Das ist die Apotheke.*

# Im Straßenverkehr (1/4)



**1. Wohin muss ich gehen? Verbinde!**

in die Arztpraxis

in den Supermarkt

in den Park

in die Fußgängerzone

in die Apotheke

ins Jobcenter

in die Kirche

„Ich bin krank."

„Ich brauche ein Medikament."

„Ich brauche Orangen, Oliven und zwei Karotten."

„Ich brauche Natur: viele Bäume und Blumen."

„Ich brauche Ruhe: Alles ist leise."

„Ich brauche einen Job."

„Ich brauche eine neue Hose."

**2. Was muss Tim machen?**
**Schreibe die Sätze aus Aufgabe 1 wie im Beispiel in dein Heft!**

*Tim:* „Ich bin krank."
→ *Tom:* „Du musst in die Arztpraxis gehen."

*Tim:* „Ich brauche ein Medikament."
→ *Tom:* „Du musst ........................................ gehen."

*Tim:* „Ich ..."

# Im Straßenverkehr (2/4)

2

**3. Wer sagt das? Suche im Bild und nenne den Buchstaben und die Zahl.**

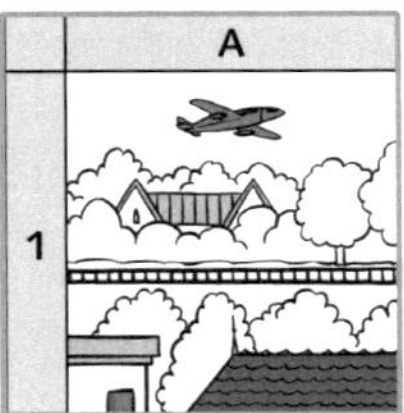


„Oh nein! Schon so spät! Ich muss schnell rennen.
Der Zug ist schon da.
Ich muss noch schnell einsteigen." ........D1........

„Mama, wir müssen noch einmal zurückgehen.
Wir müssen doch heute etwas für meinen Geburtstag kaufen.
Wir brauchen Schokolade und Bonbons." ....................

„Ah, da ist ja schon die Arztpraxis.
Ich muss mit einer Hand die Tür aufmachen.
Aber vielleicht hilft mir jemand." ....................

„Schau mal, Timo, wie schön die Bäume sind!
Ich muss dir etwas sagen." ....................

„Das ist nicht mein Bus. Ich muss noch zehn Minuten warten." ....................

**4. Wer macht was? Bilde die Sätze!**

Frau Schukova/über den Zebrastreifen/geht.

*Frau Schukova geht über den Zebrastreifen.*

zum Bahnhof/Herr Müller/rennt.

....................

Tim/spielen/und Tom/Fußball.

....................

Liviu/eine Fahrkarte/kauft.

....................

in die/Herr Grabowski/geht/Arztpraxis.

....................

# Im Straßenverkehr (3/4)

**5. Wer muss was machen? Bilde die Sätze!**

warten/müssen/die Autos. *Die Autos müssen warten* ..................

.................................................................................................

muss/rennen/Herr Müller. ..................................................

.................................................................................................

eine/kaufen/Hose/muss/ich. ..................................................

.................................................................................................

zum Jobcenter/du/gehen/musst. ..................................................

.................................................................................................

mit einer Hand/aufmachen/muss/Herr Grabowski/die Tür.

.................................................................................................

.................................................................................................

**6. Was musst du morgen machen? Schreibe Sätze in dein Heft!**

> *Ich muss morgen um 6.30 Uhr aufstehen.*
> *Ich muss morgen um …*
> *Ich …*

**7. Was muss man wo oder wofür? Verbinde!**

| | |
|---|---|
| Ich muss eine Fahrkarte kaufen. | im Krankenhaus |
| Ich muss Geld für die Wurst bezahlen. | für den Bus |
| Ich muss warten. | an der roten Ampel |
| Ich bin krank und muss noch zwei Wochen hier bleiben. | an der Imbissbude |
| Ich muss den Müll in den Mülleimer werfen. | im Park |

# Im Straßenverkehr (4/4)

2

**8. Lies den Text!**

Herr Müller muss schnell gehen. Er muss sogar rennen. Der Zug ist schon da. Herr Müller sieht den Zug und rennt. Er denkt: „Ich muss noch in den Zug einsteigen. Ich muss heute noch nach Berlin kommen. Das ist der letzte Zug." Herr Müller rennt und rennt. Der Zug nach Berlin fährt von Gleis 4. Wo ist Gleis 4? Er muss eine Treppe hinuntergehen. Er rennt und rennt. Gleis 2, Gleis 3 … . Die Taschen sind sehr schwer. Herr Müller ist müde. Er muss eine Pause machen, aber er rennt und rennt. Er rennt schnell die nächste Treppe hinauf. Er ist da. Aber wo ist der Zug? Er fragt eine Frau: „Ist hier Gleis 4?" Die Frau antwortet: „Nein, hier ist Gleis 6. Sie müssen die Treppe wieder hinuntergehen." Herr Müller ist müde. Er sagt schnell „Danke!" zu der Frau und rennt schnell die Treppe hinunter. Alles tut weh. Hier! Gleis 4! Herr Müller springt die Treppe hinauf. Der Zug ist noch da. Herr Müller muss noch zwei Treppenstufen hinaufspringen. Er hört die Zugtüren. Die Türen sind zu. Herr Müller steht an Gleis 4.
Aber der Zug fährt ohne Herrn Müller nach Berlin. Herr Müller muss zu Hause bleiben.

**a) Markiere alle Formen von müssen im Text! Unterstreiche alle anderen Verben!**

**b) Beantworte die Fragen!**

Warum muss Herr Müller rennen?

*Der Zug ist schon da* ................................................ .

Auf welchem Gleis fährt der Zug nach Berlin?

............................................................................ .

Auf welchem Gleis ist Herr Müller zuerst?

............................................................................ .

Warum muss Herr Müller zu Hause bleiben?

............................................................................ .

**c) Was glaubst du? Was muss Herr Müller in Berlin machen? Schreibe fünf Ideen in dein Heft!**

*1. Herr Müller muss in Berlin* .................. .
*2. Herr Müller* ........................................ .

# Im Straßenverkehr (1/4)

**1. Ergänze im Akkusativ!**

Kommt, wir gehen auf den Spielplatz.

Ich muss schnell an *das* Gleis gehen.

Der Krankenwagen fährt hinter .............. Krankenhaus.

Herr Grabowski geht gerade in .............. Arztpraxis.

Ich finde das Jobcenter nicht. – Geh einfach neben .............. Kirche.

Frau Schukova geht über .............. Straße.

Herr Grabowski geht unter .............. Schild.

Der Bus fährt vor .............. Bahnhof.

Der Motorroller fährt zwischen .............. Häuser.

**2. Wohin muss ich gehen?**
**Verbinde und schreibe Sätze mit in + Akkusativ!**

Ich bin krank. →

Ich brauche ein Medikament.

Ich brauche Orangen,
Oliven und zwei Karotten.

Ich brauche Natur:
viele Bäume und Blumen.

Ich brauche Ruhe: Alles ist leise
und es gibt keine Menschen.

Ich brauche einen Job.

Ich brauche eine neue Hose.

**BEACHTE:**
an + das = ans
hinter + das = hinters
unter + das = unters

*1. Ich bin krank.*
*Ich muss in die Arztpraxis gehen.*
*2. Ich brauche ein Medikament.*
*Ich muss … .*

**MERKE:**

| | Nominativ | Akkusativ |
|---|---|---|
| *Singular:* | der | → den |
| | das | → das |
| | die | → die |
| *Plural:* | die | → die |

# Im Straßenverkehr (2/4)

**3. Ergänze im Dativ!**

Die Kinder spielen Fußball auf ...*dem*... Spielplatz.

Herr Müller steht nun ...*a*... Gleis, aber der Zug ist weg.

Hinter ............... Krankenhaus ist das Informationszentrum.

In ............... Arztpraxis ist Frau Dr. Berger.

Neben ............... Kirche findest du das Jobcenter.

Über ............... Bahnhofsgebäude hängt ein DB-Schild.

Der Eingang zur Apotheke ist unter ............... Schild.

Der Supermarkt ist vor ............... Krankenhaus.

Ina steht zwischen ............... Häusern.

**4. Wo ist ...? Ergänze im Dativ!**

Tim ist

*auf dem Spielplatz*......................

.................................................................

Elham ist

.................................................................

.................................................................

Ramatu ist

.................................................................

.................................................................

Die Kleider sind

.................................................................

.................................................................

Liviu ist

.................................................................

.................................................................

Lucas ist

.................................................................

.................................................................

Natalia ist

.................................................................

**BEACHTE:**
an + dem = am
hinter + dem = hinterm
über + dem = überm
unter + dem = unterm
vor + dem = vorm

**MERKE:**

| | | |
|---|---|---|
| *Singular:* | *Nominativ* | *Dativ* |
| | der | → dem |
| | das | → dem |
| | die | → der |
| *Plural:* | *Nominativ* | *Dativ* |
| | die | → den |

# Im Straßenverkehr (3/4)

**5. Arbeitet in Partnerarbeit!**
**Sprich Sätze wie im Beispiel!**
**Deine Mitschülerin oder dein Mitschüler muss zeigen, was du sagst.**

*Auf dem Bild sehe ich einen ... im ....*

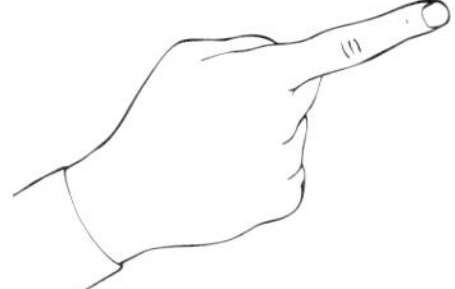

**6. Schreibe fünf Sätze aus Aufgabe 5 in dein Heft!**

*Auf dem Bild sehe ich einen ... im ... .*
*...*

**7. Was sagen oder denken die Personen?**
**Wähle eine oder zwei Personen aus und schreibe Sätze!**

Ben und Herr Curry

Alex

Yusuf und Esther

Tim und Tom

..........................................................................................

..........................................................................................

..........................................................................................

..........................................................................................

..........................................................................................

..........................................................................................

..........................................................................................

..........................................................................................

..........................................................................................

..........................................................................................

# Im Straßenverkehr (4/4)

**8. Wer ist das? Lies, suche im Bild und ergänze das Ziel!**

**a)** Ich bin gerade auf dem Zebrastreifen. Ich will zuerst in den Park gehen und laufe mit meinem Hund nach links auf den Gehweg. Nun muss ich nur noch geradeaus und über die Ampel.

Schon bin ich auf dem ..................................................

**b)** Ich fahre Roller und biege nach rechts in die Straße ab. Danach muss ich an der Apotheke vorbei und fahre hinter der Apotheke nach rechts. Ich warte am Zebrastreifen, weil dort eine Frau mit ihrem Hund über die Straße geht. Hinterm Zebrastreifen fahre ich dann an die rechte Seite und parke vor einer Tür. Vor der Tür ist auch ein Mann mit Kappe und einem kleinen Wagen.

Der Mann und ich, wir wollen beide zur ..................................................

**c)** Wollen wir Tante Lilli besuchen? Wir spazieren gerade durch den Park, aber bis zu Tante Lilli ist es nicht weit. Wir müssen nur geradeaus über die Ampel gehen und kommen zum Spielplatz. Danach biegen wir nach links ab, also gehen wir wieder über die Ampel. Hier ist schon der Supermarkt. Wenn wir jetzt weiter geradeaus und ein bisschen rechts weiterlaufen, sind wir schon da. Es ist ein großes Haus und viele Personen sind im Moment hier. Wir müssen nur noch den Eingang finden.

Dann sind wir bei Tante Lilli im ..................................................

**d)** Ich sitze im Park auf einer Bank. Heute ist ein sehr ruhiger Tag, Die Sonne scheint, aber sie ist sehr warm. Deshalb brauche ich einen kühlen Ort, damit ich keinen Sonnenbrand bekomme. Ich stehe auf und gehe über den Zebrastreifen in die Fußgängerzone. Wenn ich immer geradeaus gehe, sehe ich ganz hinten eine große Tür, ein Tor. Ich gehe hinein und finde, dass es sehr schön kalt ist.

Hier, in der ..................................................

**e)** Ich warte jetzt schon seit 20 Minuten und das ist schon wieder der falsche Bus. Ich muss doch zum Handballtraining! Das fängt in 15 Minuten an und der Bus braucht immer eine halbe Stunde dorthin. Er fährt hier links die Straße entlang und dann links vorbei an der Apotheke, am Supermarkt und am Spielplatz, hinaus aus der Stadt. Das Training ist im Nachbarort. Am besten stehe ich mal auf und gehe links am Bus vorbei

in den ..................................................
Vielleicht komme ich mit dem Zug noch pünktlich.

**MERKE:**

| ← | → |
|---|---|
| links | rechts |

# Zu Hause

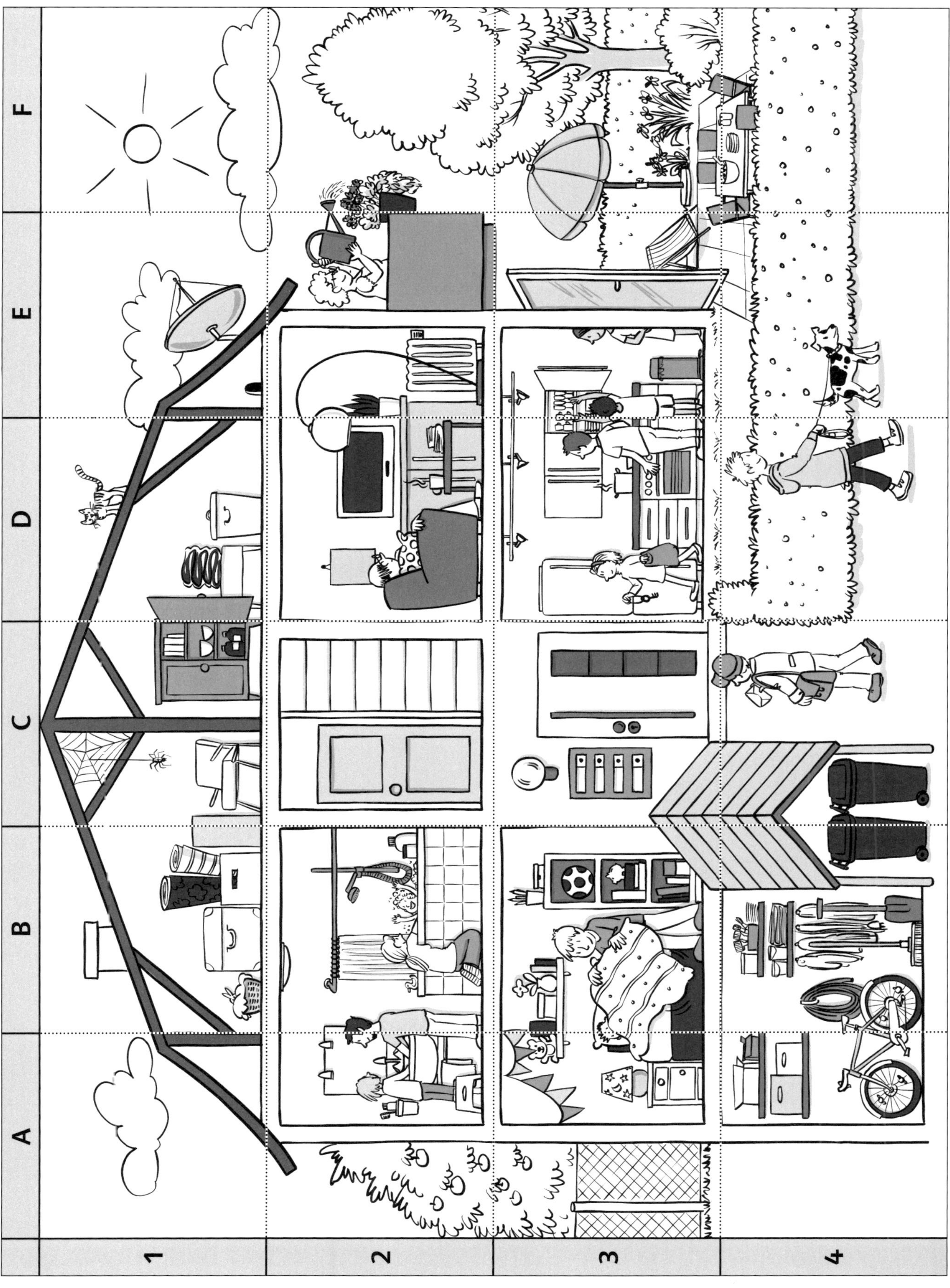

# Zu Hause (1/3)

der Spiegel
Illustration: Bettina Weyland
der Briefträger
Illustration: Bettina Weyland
der Schlüssel
Illustration: © Anja Boretzki
der Schrank
Illustration: Bettina Weyland
der Balkon
Illustration: Bettina Weyland
der Dachboden
Illustration: Bettina Weyland
die Mülltonne
Illustration: Bettina Weyland
die Dusche
Illustration: Bettina Weyland

# Zu Hause (2/3)

Bildkarten

# Zu Hause (3/3)

Illustration: Bettina Weyland
die Heizung
Illustration: Bettina Weyland
die Bettdecke
Illustration: Bettina Weyland
das Schlafzimmer
Illustration: Bettina Weyland
der Sessel
Illustration: Bettina Weyland
das Badezimmer
Illustration: Bettina Weyland
das Waschbecken
Illustration: Bettina Weyland
das Treppenhaus
Illustration: Bettina Weyland
das Klingelschild

# Zu Hause (1/4)

**1. Wo ist was? Notiere den Buchstaben und die Zahl wie im Beispiel!**

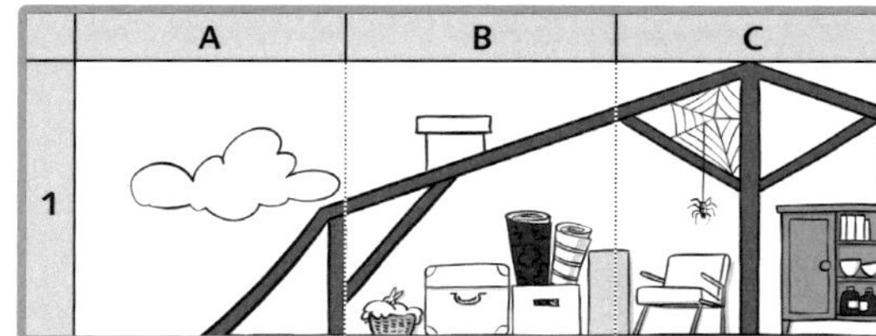


Wo ist der Schrank? *Der Schrank ist in C1* ………………………………… .

Wo ist der Balkon? *Der Balkon ist in* ………………………………… .

Wo ist die Küche? *Die Küche ist in* ………………………………… .

Wo ist das Treppenhaus? *Das Treppenhaus ist in* …………………………………

………………………………… .

Wo ist das Schlafzimmer? …………………………………

………………………………… .

Wo ist das Waschbecken? …………………………………

………………………………… .

Wo ist die Heizung? …………………………………

………………………………… .

Wo ist der Schlüssel? …………………………………

………………………………… .

Wo ist die Haustür? …………………………………

………………………………… .

Wo ist der Briefträger? …………………………………

………………………………… .

Wo ist Udo? …………………………………

………………………………… .

# Zu Hause (2/4)

**2. Wortschlange. Trenne die Wörter und schreibe sie mit Artikel in dein Heft!**

DACHBODEN|MÜLLHEIZUNGSCHUBLADEFAMILIE
TERRASSELAMPEBADEZIMMERSCHLAFZIMMERSCHLÜSSEL
BRIEFTRÄGERWASCHBECKENSCHRANKBALKONSPIELZEUG
SESSELTREPPENHAUSHAUSTÜR

*der Dachboden, …*

**3. Der, das oder die? Ergänze den bestimmten Artikel!**

| | | |
|---|---|---|
| *der* Spiegel | ............ Bettdecke | ............ Badewanne |
| ............ Zaun | ............ Klingelschild | ............ Fernseher |
| ............ Schornstein | ............ Haustür | ............ Schrank |
| ............ Küche | ............ Mülltonne | ............ Dusche |

**4. Was siehst du im Bild? Suche und notiere hinter dem Artikel!**

| | |
|---|---|
| Was ist in B2? | die *Badewanne* |
| Was ist in D3? | der ............ |
| Was ist in A2? | das ............ |
| Was ist in B3? | die ............ |
| Was ist in C4? | der ............ |
| Was ist in B4? | die ............ |
| Was ist in C1? | der ............ |

# Zu Hause (3/4)

**5. Welches Personalpronomen passt? Verbinde!**

| | |
|---|---|
| das Waschbecken | |
| die Küche | **es** |
| der Müll | |
| die Heizung | |
| der Briefträger | **sie** |
| die Terrasse | |
| das Treppenhaus | |
| der Dachboden | |
| das Schlafzimmer | **er** |
| die Schublade | |

**6. Wo ist was? Notiere den Satz mit Pronomen wie im Beispiel!**

Wo ist das Waschbecken? *Es ist in A2*.

Wo ist der Müll? *Er ist in B4 und C4*.

Wo ist das Treppenhaus? ..................................................

Wo ist das Schlafzimmer? ..................................................

Wo ist die Schublade? ..................................................

Wo ist die Heizung? ..................................................

Wo ist der Schlüssel? ..................................................

Wo ist der Briefträger? ..................................................

Wo ist die Terrasse? ..................................................

Wo ist der Dachboden? ..................................................

Wo ist Udo? ..................................................

**MERKE:**
der → er
das → es
die → sie

# Zu Hause (4/4)

**7. Lies und ordne zu!**

Cristiano kocht in der Küche.

Udo schaut Fernsehen.

Brigitte gießt die Blumen auf dem Balkon.

Der Briefträger bringt die Post.

Sami und Madita waschen sich die Hände.

Kira wäscht Milli.

Milli badet in der Badewanne.

**8. Sprecht miteinander und sucht im Bild!
Frage eine Partnerin oder einen Partner!**

Wer badet in der Badewanne?

Wer wäscht sich die Hände?

Wer kocht in der Küche?

Wer gießt die Blumen auf dem Balkon?

Wer … ?

# Zu Hause (1/4)

**1. Was ist richtig? Verbinde!**

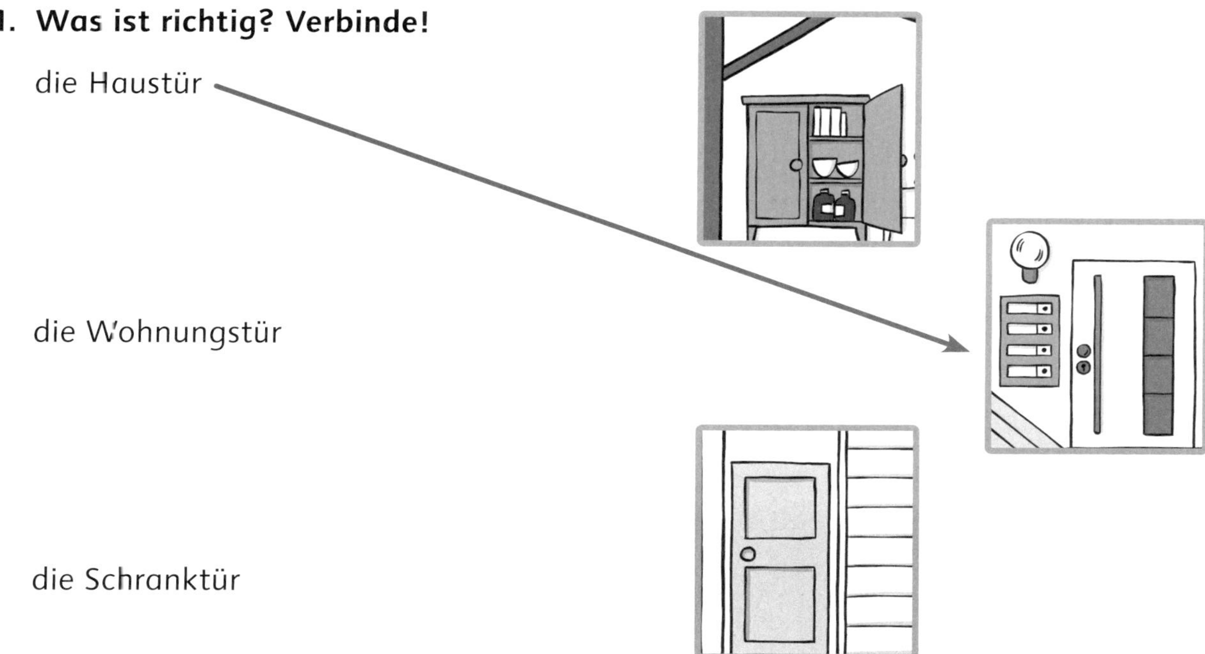

die Haustür

die Wohnungstür

die Schranktür

**2. Wo findest du …? Zeichne ins Bild!**

die Balkontür

die Badezimmertür

die Schlafzimmertür

die Kellertür

**3. Suche im Bild und kreise ein!**

die Wohnzimmerheizung

der Küchenschrank

die Schlafzimmerlampe

der Badezimmerspiegel

der Haustürschlüssel

der Dachbodenschrank

der Fernsehsessel

# Zu Hause (2/4)

2

**4. Verbinde und bilde Wörter. Notiere sie mit Artikel in deinem Heft!**

~~ba~~ – gel – ~~trep~~ – mer – spie – ~~ne~~ – dach – ~~de~~ –schub – klin – kü – schild – ger – wasch – cken – ~~pen~~ – ~~wan~~ – gel – bo– ~~haus~~ – che – be – haus – brief – tür –zim – la – schrank – den – trä – schlaf – de

*die Badewanne, das Treppenhaus ...*

**5. Wie heißt das Wort? Ordne zu und ergänze!**

| | |
|---|---|
| das Bett + die Decke | das Waschbecken |
| baden + die Wanne | die Bettdecke |
| waschen + das Becken | der Dachboden |
| die Klingel + das Schild | die Badewanne |
| das Dach + der Boden | das Klingelschild |
| die Treppe + das Haus | das Treppenhaus |
| ............................................. | das Schlafzimmer |
| ............................................. | |
| ............................................. | die Schranktür |
| ............................................. | |

**6. Bilde neue Wörter! Notiere mit Artikel ins Heft!**

*Der Badezimmerspiegel, die Küchenschranktür ...*

# Zu Hause (3/4)

**7. Lies und suche im Bild! Kreise die Personen im Bild ein!**

Andrej: „So, lieber Sergej, das war ein schöner Tag, oder?"

Sergej: „Ja, Papa, ich habe so viel Fußball gespielt, ich kann jetzt nur noch schlafen."

Andrej: „Du warst richtig gut heute. Zwei Tore für deine Mannschaft. Juhuu!"

Sergej: „Aber ich bin so müde, Papa. Ich lese heute Abend kein Buch mehr."

*Andrej:* „Ja, das machen wir morgen wieder. Schlaf gut!"

*Sergej:* „Du auch, Papa!

*Thiago:* „Na, wohin gehen wir heute, Carlo?"

*Carlo:* „…"

*Thiago:* „Wollen wir heute mal in den großen Park gehen? Vielleicht sehen wir deine Freunde!"

*Carlo:* „Wuff!"

*Thiago:* „Alles klar, du willst in den großen Park gehen."

*Carlo:* „Wuff wuff!"

# Zu Hause (4/4)



**8. Lies und suche im Bild! Kreise die Personen im Bild ein!**

*Cristiano:* „Oh nein, ich habe keine Karotten für die Suppe.
Was machen wir denn jetzt?"

*Victoria:* „Ich kann noch einmal einkaufen gehen.
Brauchen wir noch etwas?"

*Cristiano:* „Oh, das ist super! Danke, Victoria!
Nein, wir brauchen nur vier Karotten."

*Malina:* „Ich brauche noch Äpfel für den Kuchen.
Kannst du mir drei Äpfel mitbringen?"

*Victoria:* „Ja, das mache ich. Kein Problem!
Aber wo ist der Haustürschlüssel?"

*Cristiano:* „Hm. Ich weiß nicht. Ist er nicht in deiner Hosentasche?"
*Victoria:* „Nein, dort ist er nicht. Mama, hast du den
Haustürschlüssel?"

*Malina:* „Nein, ich habe ihn auch nicht."

*Mirko:* „Moment mal! Ich glaube, er ist in meiner Hosentasche!
Ja, sieh mal! Hier ist er!"

*Victoria:* „Ach Mirko! Was machst du denn mit unserem
Haustürschlüssel? Gib her, ich muss einkaufen gehen."

# Zu Hause (1/4)

**1. Wer sagt was? Ordne zu!**

*Victoria Morais:*
„Wenn wir keine Karotten haben,
gehe ich in den Supermarkt."

*Andrej Jegel:*
„Wenn du jetzt gut schläfst,
spielst du morgen wieder richtig gut Fußball."

*Udo Lobing:*
„Wenn Brigitte auf den Balkon geht,
schließt sie immer die Balkontür hinter sich."

*Sebastian Bornhausen:*
„Wenn ich Victoria Morais sehe,
gebe ich ihr den Brief sofort."

*Brigitte Lobing:*
„Wenn die Sonne scheint,
gieße ich sehr oft die Blumen."

**2. Markiere in Aufgabe 1 alle Verben! Welche Regel erkennst du?**

..........................................................................................

**3. Bringe die Wörter in die richtige Ordnung.
Schreibe die Sätze in dein Heft wie im Beispiel.**

a) Wenn | gehe | , | in den Supermarkt | Schokolade | kaufe ich | ich |.

b) Sergej | immer | er | Wenn | müde. | spielt | , | ist | Fußball

c) du | Wenn | findest | du | , | zwei große Tassen | gehst | . | auf den Dachboden

d) wir | Wenn | du | , | baden | hast | . | so viel Spaß im Wasser | morgen wieder

*Wenn ich in den Supermarkt gehe, kaufe ich Schokolade. …*

# Zu Hause (2/4)

**4. Wer ist wer? Beschrifte die Personen!**

Während Milli in der Badewanne badet, waschen sich Sami und Madita die Hände am Waschbecken.

Während Udo im Wohnzimmer Fernsehen sieht, geht Thiago mit seinem Hund Gassi.

Während der Briefträger Sebastian Bornhausen den Brief bringt, gießt Brigitte die Blumen auf dem Balkon.

Während Andrej Sergej im Schlafzimmer ins Bett bringt, kocht Cristiano in der Küche eine Suppe.

Während Mirko Tassen im Küchenschrank sucht, kommt Malina von der Terrasse.

*Milli*

.....................................

.....................................

.....................................

.....................................

.....................................

.....................................

.....................................

.....................................

.....................................

# Zu Hause (3/4)

**5. Bringe die Wörter in die richtige Ordnung.**
**Schreibe die Sätze in dein Heft.**
**Beginne mit „Während"!**

die Kassiererin | Während ich | im Supermarkt | lerne | , |arbeitet |.

Während mein Bruder | ich |spielt | , | sitze |. | Tischtennis | am Schreibtisch

Während mein Lehrer | unterrichtet | , | die Klasse | Mathe | hat | Sport |.

Während ich | meine Schwester | gehe | , | fährt | nach Hause | zur Arbeit |.

*Während ich lerne, arbeitet die Kassiererin im Supermarkt.*

*Während …*

**6. Denke an andere Personen. Was machen sie im Moment?**
**Schreibe Sätze mit „während"! Die Verben können dir helfen.**

kochen
laufen
spielen
unterrichten
schreiben
einkaufen
suchen
Sport machen
sitzen
schwimmen
lesen

*Während ich Deutsch lerne, geht …*

*Während ich Deutsch lerne, …*

# Zu Hause (4/4)

**7. Wie wohnt Artur? Lies den Text!**

Artur wohnt in einem großen Haus. Seine Familie hat sechs Zimmer: ein Schlafzimmer für die Eltern, zwei Kinderzimmer, ein Spielzimmer, ein großes Wohnzimmer und ein Esszimmer. Es gibt auch noch ein Badezimmer, eine Küche, einen Keller und einen kleinen Dachboden.

Im Schlafzimmer der Eltern findest du ein Doppelbett, einen großen Schrank und einen Balkon.

Das erste Kinderzimmer ist Arturs Zimmer. Er hat ein Bett, einen Kleiderschrank und ein Bücherregal. Im Zimmer steht auch ein Schreibtisch mit einer Schreibtischlampe.

Neben Arturs Zimmer ist Marinas Zimmer. Marina ist Arturs große Schwester. Sie ist 15, Artur ist 8 Jahre alt. In Marinas Zimmer gibt es auch einen Schreibtisch mit einer Schreibtischlampe, ein Bücherregal und einen großen Kleiderschrank. An der Wand hängen Poster von ihrem Lieblingsmusikinstrument: dem Saxofon.

Im Spielzimmer hat Artur sein Spielzeug: ein Springseil, eine Eisenbahn aus Holz, einen kleinen Tennisball und viele Bücher. Im Spielzimmer stehen zwei Regale und ein Sessel.

Das Wohnzimmer ist der größte Raum im Haus. Es hat Platz für die ganze Familie auf einem Sofa, zwei Sessel stehen vor dem Fernseher und in der Mitte steht ein kleiner Tisch.

Im Esszimmer stehen ein großer Tisch mit vier Stühlen und ein Schrank mit Tellern und Tassen.

Das Badezimmer hat eine Dusche, eine Toilette und ein Waschbecken. Ein Spiegel ist natürlich auch im Badezimmer.

Die Küche ist im Moment kaputt. Nichts funktioniert. In zwei Wochen kommen Handwerker, die sie reparieren. Bis dann muss Artur mit seiner Familie bei den Nachbarn kochen und essen. Zum Glück sind die Nachbarn sehr nett und helfen ihnen.

Auf dem Dachboden sind alle Sachen, die Arturs Familie im Moment nicht braucht: Schuhe für den Winter, alte Fotos und Bilder und Kleidung. Die Jeans sind Marina zu klein und Artur zu groß. Aber in ein paar Jahren kann auch Artur sie tragen.

**8. Das Haus von Arturs Familie hat auch einen Keller. Was, glaubst du, findest du dort? Zeichne ins Heft!**

# Im Supermarkt

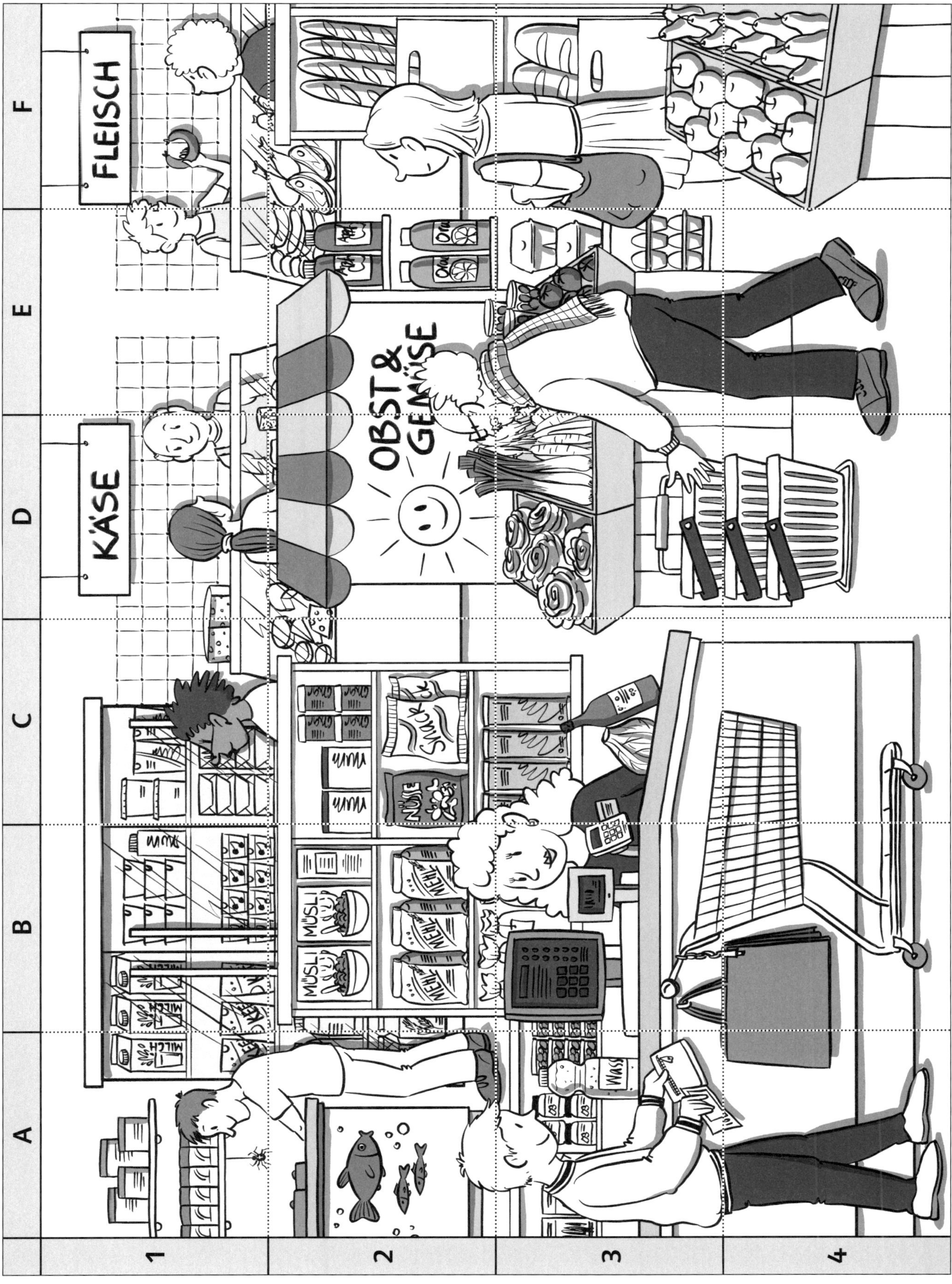

# Im Supermarkt (1/3)

# Im Supermarkt (2/3)

der Snack

die Kasse

die Theke

die Milch

die Wurst

die Flasche

das Geld

das Kühlregal

# Im Supermarkt (3/3)

# Im Supermarkt (1/4)

**1. Der, das oder die? Ergänze den bestimmten Artikel!**

....*der*.... Saft

.................... Müsli

.................... Milch

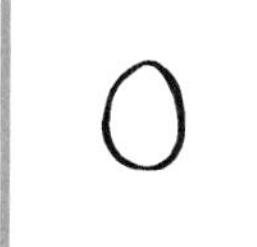
.................... Ei

.................... Salat

.................... Wurst

.................... Brot

.................... Käse

.................... Apfel

.................... Wasser

**2. Der, das, die oder ein, ein, eine?**
**Ergänze den bestimmten oder den unbestimmten Artikel!**

....*der*.... Saft  → ....*ein*.... Saft 

.................... Milch  → .................... Milch 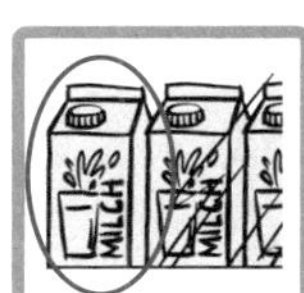

.................... Ei 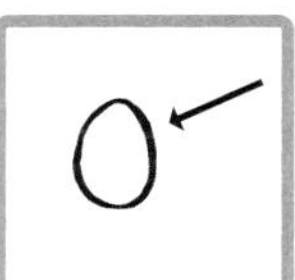 → .................... Ei 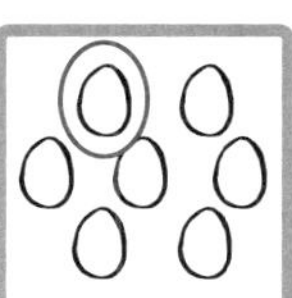

.................... Apfel 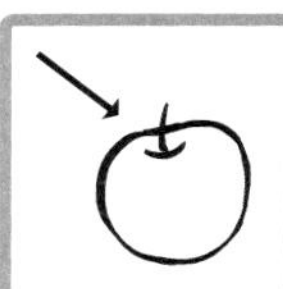 → .................... Apfel 

# Im Supermarkt (2/4)

**3. Bestimmter oder unbestimmter Artikel? Ergänze!**

Das ist *ein* Salat.

Das ist .................. Brot.

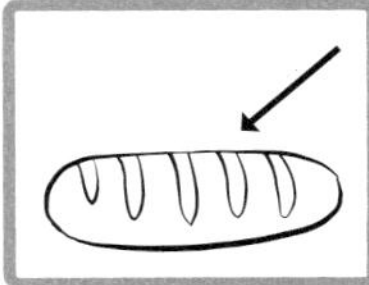

Das ist .................. Müsli.

Das ist .................. Einkaufswagen.

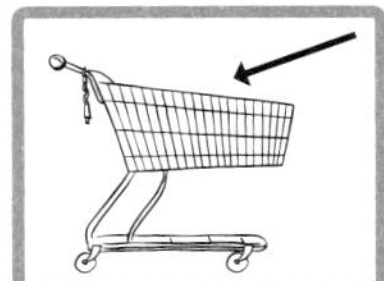

Das ist .................. Käse.

**4. „Das ist …" Schreibe Sätze!**

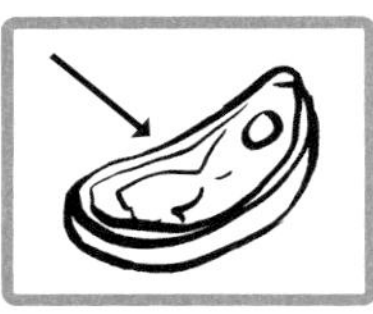

*Das ist das Fleisch* .

..........................................................................................................................

..........................................................................................................................

..........................................................................................................................

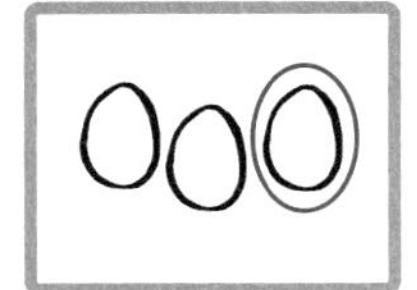

..........................................................................................................................

# Im Supermarkt (3/4)

**5. Suche im Bild, ordne zu und ergänze!**

Das ist ein Apfel.
Der Apfel gehört zum ......Obst...... .

Das ist eine Wurst.
Die Wurst gehört zum ................................ .

KÄSE

Das ist ein Kohl.
Der Kohl gehört zum ................................ .

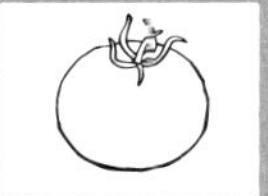

Das ist eine Tomate.
Die Tomate gehört zum ................................ .

Das ist eine Karotte.
Die Karotte gehört zum ................................ .

Das ist eine Birne.
Die Birne gehört zum ................................ .

Das ist ein Camembert.
Der Camembert gehört zum ......................... .

Das ist eine Flasche Orangensaft.
Der Orangensaft gehört zu den ..................... .

GEMÜSE

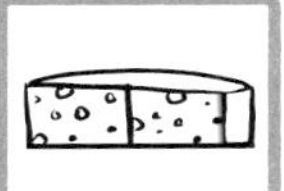

Das ist ein Gouda.
Der Gouda gehört zum ................................ .

Das ist eine Bratwurst.
Die Bratwurst gehört zum ................................ .

Das ist eine Flasche Wasser.
Das Wasser gehört zu den ................................ .

FLEISCH

Das ist ein Hähnchenschenkel.
Der Hähnchenschenkel gehört zum ................................ .

# Im Supermarkt (4/4)

**6. a) Wo sind die Wörter? Finde die 20 Wörter im Suchsel!**

| C | E | O | G | V | E | R | K | Ä | U | F | E | R | I | N | G | G | A | K | H | S |
|---|---|---|---|---|---|---|---|---|---|---|---|---|---|---|---|---|---|---|---|---|
| O | I | W | P | H | C | K | R | T | S | L | K | G | A | U | K | J | R | I | J | N |
| P | N | U | L | M | U | F | T | D | D | W | V | E | V | S | P | Q | G | S | Q | A |
| R | K | C | K | G | E | I | N | K | A | U | F | S | W | A | G | E | N | U | Y | C |
| L | A | R | L | H | J | S | K | O | N | R | R | H | L | F | B | E | V | O | N | K |
| B | U | S | Z | H | I | C | J | B | W | S | Z | E | Z | T | L | G | B | D | Q | D |
| F | F | J | K | J | Q | H | T | P | M | T | H | F | V | R | O | P | R | T | J | L |
| O | S | Y | B | L | F | L | K | R | M | S | Y | L | U | V | A | K | O | H | L | W |
| S | K | L | M | Ü | S | L | I | W | G | X | Y | E | Q | J | E | R | T | S | M | F |
| J | O | D | L | U | H | Q | M | Q | Z | N | M | I | L | C | H | T | C | W | W | Y |
| L | R | V | C | T | U | M | Q | P | G | M | O | S | N | E | M | G | G | I | A | R |
| E | B | F | T | S | Q | K | H | T | E | W | U | C | A | O | V | V | K | S | S | Q |
| D | I | P | S | A | T | A | P | N | L | H | R | H | L | K | D | V | H | T | S | W |
| X | C | E | E | P | U | S | T | I | D | Y | O | U | F | L | A | S | C | H | E | N |
| Q | W | U | K | F | N | S | I | K | G | W | N | J | O | H | Q | A | W | B | R | V |
| A | K | Ä | S | E | H | E | Q | X | H | W | S | A | L | A | T | S | R | I | I | P |
| P | R | R | Y | L | B | B | H | R | X | R | I | A | H | J | G | C | Z | W | R | W |
| S | K | D | K | O | R | R | Y | K | Ü | H | L | R | E | G | A | L | T | C | K | D |

**b) Schreibe die Artikel vor die Nomen!**

| | | | |
|---|---|---|---|
| ...der... Apfel | ............... Wasser | ............... Fisch | ............... Einkaufswagen |
| ............... Müsli | ............... Milch | ............... Brot | ............... Einkaufskorb |
| ............... Käse | ............... Salat | ............... Geld | ............... Verkäuferin |
| ............... Saft | ............... Fleisch | ............... Kasse | ............... Kühlregal |
| ............... Kohl | ............... Snack | ............... Wurst | ............... Flasche |

# Im Supermarkt (1/4)

**1. Was passt? Ordne zu!**

ein Apfel

eine Packung Milch

zwei Brote

die Packungen Milch

sechs Eier

ein Brot

eine Flasche Wasser

drei Flaschen Wasser

ein Ei

zwölf Äpfel

die Salatköpfe

die Tüten Snacks

die Packung Müsli

die Packungen Müsli

fünf Stück Käse

der Salatkopf

die Packungen Eier

die Tüte Snacks

das Stück Käse

die Packung Eier

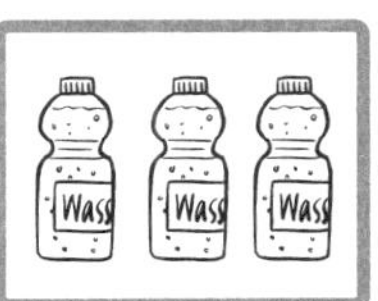

# Im Supermarkt (2/4)



**2. Was bedeuten die Abkürzungen? Verbinde!**

| | | |
|---|---|---|
| 2 Fl. O-Saft | → | zwei Flaschen Orangensaft |
| 3 Äpfel | | zwei Packungen Milch |
| 1 P. Eier | | vier Stück Käse |
| 2 P. Müsli | | zwei Packungen Müsli |
| 3 T. Snacks | | fünf Brote |
| 2 P. Milch | | drei Flaschen Wasser |
| 3 Fl. Wasser | | drei Tüten Snacks |
| 5 Brote | | eine Packung Eier |
| 4 St. Käse | | drei Äpfel |

**3. Was kauft Herr Schneider? Schreibe Sätze ins Heft!**

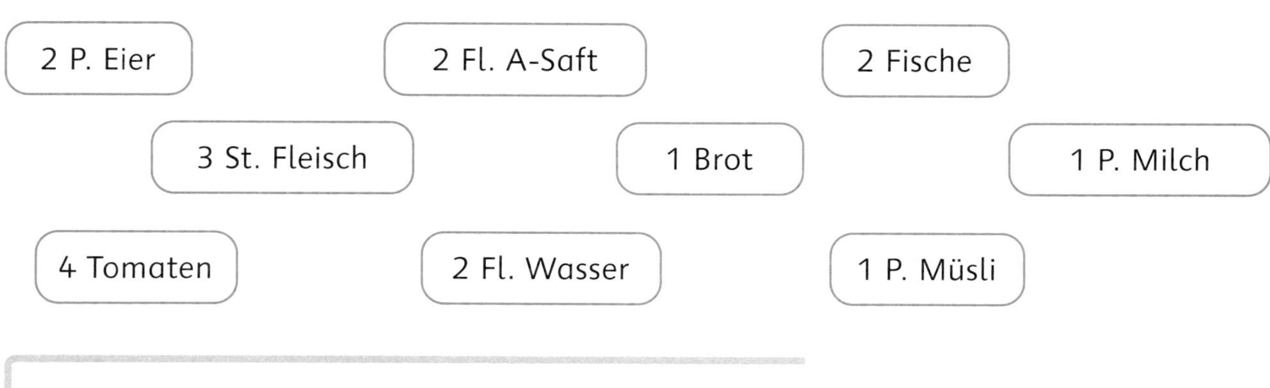

# Im Supermarkt (3/4)



**4. Lest in Partnerarbeit!**

*Herr Leonte:* „Guten Tag!“

*Herr Lahem:* „Guten Tag! Was darf es sein?“

*Herr Leonte:* „Ich hätte gerne zwei Stück Fleisch. Haben Sie etwas da?“

*Herr Lahem:* „Ja, wir haben frische Steaks vom Schwein, vom Rind und vom Lamm. Was möchten Sie?“

*Herr Leonte:* „Hm. Zwei Steaks vom Rind, bitte!“

*Herr Lahem:* „Gerne. Darf es noch etwas sein?“

*Herr Leonte:* „Nein, danke. Das ist alles!“

*Herr Lahem:* „Bitte schön, hier haben Sie zwei Stück Fleisch.“

*Herr Leonte:* „Danke schön, noch einen schönen Tag!“

*Herr Lahem:* „Ihnen auch noch einen schönen Tag!“

SCHWEIN

RIND

LAMM

**5. Schreibe selbst einen Dialog!**

Frau Molnar kauft drei Stück Käse bei Herrn Pendir.

..................................: ..................................................................................................

..................................: ..................................................................................................

..................................: ..................................................................................................

..................................: ..................................................................................................

..................................: ..................................................................................................

..................................: ..................................................................................................

..................................: ..................................................................................................

..................................: ..................................................................................................

..................................: ..................................................................................................

**6. Übt den Dialog aus Aufgabe 4 oder 5 in Partnerarbeit ein und präsentiert ihn vor der Klasse!**

# Im Supermarkt (4/4)



7. **Es ist Samstagmorgen und du kaufst alleine für deine Familie ein. Was braucht ihr? Wie viel braucht ihr? Notiere auf deinem Einkaufszettel!**

8. **Zeichne alle Sachen in den Einkaufswagen!**

# Im Supermarkt (1/4)

**1. Kundin oder Kunde? Verkäuferin oder Verkäufer? Kassierer oder Kassiererin? Ergänze und begründe!**

Herr Hoffmann ist ........ *Kunde* ........ ,
weil *er bezahlt* ........................ (bezahlen).

Frau Dimitriades ist ........................ ,
weil ........................ (an der Kasse sitzen).

Herr Leonte ist ........................ ,
weil ........................ (Fleisch kaufen).

Herr Schneider ist ........................ ,
weil ........................ (einen Einkaufskorb nehmen).

Frau Dlamini ist ........................ ,
weil ........................ (die Milch suchen).

Frau Molnar ist ........................ ,
weil ........................ (Käse kaufen).

Herr Pendir ist ........................ ,
weil ........................ (hinter der Käsetheke stehen).

Frau Kumar ist ........................ ,
weil ........................ (das Müsli suchen).

Herr Fink ist ........................ ,
weil ........................ (Fisch kaufen).

# Im Supermarkt (2/4)

**2. Ordne die Wörter!**

**a)** Herr Hoffmann/sein Geld/weil/sucht/bezahlen/er/nicht/mit der Karte/will/./,

*Herr Hoffmann sucht sein Geld,*

*weil er nicht mit der Karte bezahlen will.*

**b)** soll/weil/Frau Dimitriades/nennt/den Preis/
Herr Hoffmann/bezahlen/./,

**c)** mit dem Fleischverkäufer/eine Wurst/will/kaufen/weil/er/./
spricht/Herr Leonte/,

**d)** Herr Schneider/,/einen Einkaufskorb/weil/alle Zutaten/er/
./für einen Kuchen/kaufen/nimmt/will

**e)** das Kühlregal/,/sucht/weil/für ihre Kinder/einen Pudding/will/
kochen/Frau Dlamini/sie/.

**f)** ihre Freunde/wollen/kommen/Frau Molnar/Käse/kauft/
,/zu Besuch/weil/.

**g)** kennt sich gut/und/steht/an der Käsetheke/mit den Waren/
Herr Pendir/aus/weil/im Supermarkt/seit zwanzig Jahren/arbeitet/,/er/.

# Im Supermarkt (3/4)

**3. Herr Hoffmann erzählt.**

**a) Was hat Herr Hoffmann erlebt? Lies den Text.**

Gestern sind meine besten Freundinnen und Freunde zu Besuch gekommen. Ich habe einen Kuchen für sie gebacken. Vorher bin ich in den Supermarkt gegangen. Dort habe ich alles für einen Kuchen gekauft: eine Packung Mehl, eine Packung Zucker, einen Becher Buttermilch, eine Packung Eier, eine Tüte Kokosraspeln und zwei Becher Sahne. Außerdem habe ich noch einen Kohlkopf, eine Flasche Wasser und eine Flasche Öl gekauft. Zu Hause habe ich den Kuchen gebacken und mich sehr auf meine Gäste gefreut. Sie haben um 18 Uhr vor meiner Haustür gestanden. Wir haben zusammen gegessen und sehr viel geredet. Spät abends sind sie wieder nach Hause gegangen. Es war wunderschön mit ihnen. Das mache ich jetzt jeden Donnerstag!

**b) Markiere die Perfektformen!**

**c) Zwei Verben stehen nicht im Perfekt. Finde sie und ergänze das Tempus!**

Verb: ................................ (Tempus: ..............................................),

Verb: ................................ (Tempus: ..............................................).

**d) Zeichne alles in den Einkaufswagen im Bild, was Herr Hoffmann braucht!**

# Im Supermarkt (4/4)

**4. Wie macht Herr Hoffmann den Buttermilchkuchen?**
**Schreibe das Rezept im Präsens ins Heft!**

BUTTERMILCHKUCHEN

Die Zutaten für den Teig sind:
400 Gramm Mehl, 200 Gramm Zucker,
300 Milliliter Buttermilch und 2 Eier

Die Zutaten für den Belag sind:
50 Gramm Kokosraspeln, 130 Gramm Zucker
und 300 Milliliter Schlagsahne

a) Zuerst habe ich alle Zutaten für den Teig verrührt.

b) Dann habe ich den Teig auf das Blech gestrichen.

c) Anschließend habe ich die Kokosraspeln mit dem Zucker vermischt und auf dem Teig verteilt.

d) Danach habe ich alles bei 175°C ungefähr 30 Minuten lang gebacken.

e) Zum Schluss habe ich 300 Milliliter flüssige Schlagsahne auf dem Kuchen verteilt.

Guten Appetit!

*a) Zuerst verrühre ich …*

**5. Was sagt der Kunde oder die Kundin?**
**Was sagt der Verkäufer oder die Verkäuferin?**
**Schreibe Dialoge ins Heft!**

# In der Freizeit

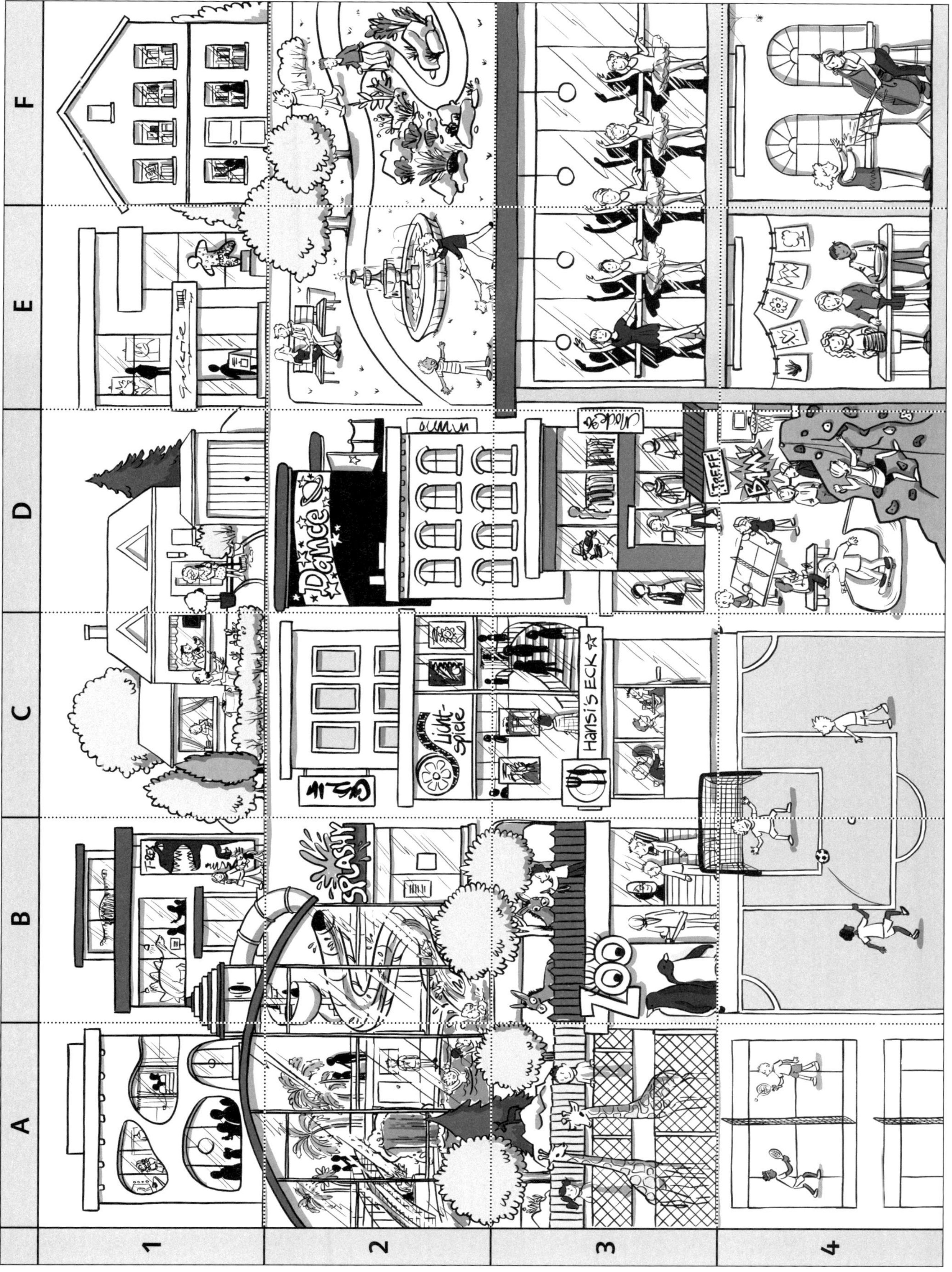

# In der Freizeit (1/3)

Bildkarten

# In der Freizeit (2/3)

Bildkarten

Illustration: Bettina Weyland

**das Modegeschäft**

Illustration: Bettina Weyland

**die Kletterwand**

Illustration: Bettina Weyland

**die Sitzbank**

Illustration: Bettina Weyland

**das Skateboard**

Illustration: Bettina Weyland

**die Galerie**

Illustration: Bettina Weyland

**das Schwimmbad**

Illustration: Bettina Weyland

**das Jugendzentrum**

Illustration: Bettina Weyland

**das Handy**

# In der Freizeit (3/3)

Bildkarten

# In der Freizeit (1/4)

**1. Er oder sie? Notiere!**

Emmy: *sie*

Frau Xi: ........................

Razvan: ........................

Philipp: ........................

Miriam: ........................

**2. Wer macht was? Ordne zu!**

Philipp ist auf dem Fußballplatz.

*Er spielt Fußball.* (Fußball spielen)

Emmy ist in der Tanzschule.

........................................................ (tanzen)

Miriam ist in der Musikschule.

........................................................ (Musik machen)

Frau Xi ist vorm Einkaufszentrum.

........................................................ (shoppen)

Arjen ist im Park.

........................................................ (spazieren gehen)

Markus und Tina sind im Jugendzentrum.

........................................................ (Tischtennis spielen)

# In der Freizeit (2/4)

**3. Wie heißen die Personen? Was machen sie? Gib Namen und schreibe Sätze!**

im Schwimmbad/schwimmen

*Bianca schwimmt im Schwimmbad.*

zu Hause/Hausaufgaben machen

an der Kletterwand/klettern

auf dem Tennisplatz/Tennis spielen

im Garten/fegen

im Töpferkurs/töpfern

**4. Was machst du gerne? Ergänze!**

Ich ……

Ich ……

Ich ……

Ich ……

Ich ……

Ich ……

# In der Freizeit (3/4)

**5. Wer ist das? Lies die Texte und kreise die Personen im Bild ein! Aufgabe 1 kann dir helfen.**

Das ist Frau Xi. Sie ist 35 Jahre alt. Sie kommt aus China.
Sie spricht Mandarin, Englisch und ein bisschen Deutsch.
Sie shoppt gerne.

Das ist Herr Janssen. Er ist 74 Jahre alt.
Er kommt aus Deutschland. Er spricht nur Deutsch.
Er arbeitet gerne im Garten.

Das ist Emmy. Sie ist 9 Jahre alt.
Sie kommt aus Irland. Sie spricht Englisch und Deutsch.
Ihr Hobby ist Tanzen.

Das ist Philipp. Er ist 16 Jahre alt. Er kommt aus Deutschland.
Er spricht Wolof, Sarahule, Englisch, Deutsch und ein bisschen Französisch. Er spielt gerne Fußball und Basketball.

Das ist Razvan. Er ist 13 Jahre alt. Er kommt aus Rumänien.
Er spricht Rumänisch, Türkisch und ein bisschen Deutsch.
Sein Hobby ist Skaten.

# In der Freizeit (4/4)

**6. Wer ist das? Gib Namen und schreibe selbst einen kurzen Text!**

*Das ist Herr Ahmadi. Er ist 84 Jahre alt.*

*Er spricht Farsi, Dari und Türkisch.*

*Er geht gerne spazieren.*

Das ist ……………………………………

Das sind ……………………………………

# In der Freizeit (1/4)

2

**1. Wer sagt das? Suche im Bild und kreise ein!**

*Frau Grevenstein:* „Spiel bitte etwas lauter!"

*Herr Rösler:* „Sieh dir den Dinosaurier an!"

*Frau Hawkhurst:* „Stellt jetzt wieder das Bein auf den Boden und hebt den Arm hoch!"

*Fabian:* „Komm in meine Arme, mein Freund! Wie geht es deinem Hund?"

*Florian:* „Schieß den Ball ins Tor!"

*Sebastian:* „Wirf mir den Ball zu und dann schwimm zu mir!"

*Cornelius:* „Bitte bringen Sie mir gleich die Rechnung! Ich zahle mit Karte."

*Martin:* „He du! Pass auf, dass du nicht vom Board fällst!"

**2. Wo sagt man das? Ergänze und ordne zu!**

......Probieren...... ...Sie... die Hose mal ...an...!
Ich glaube, sie steht Ihnen gut. (anprobieren, Sie)

........ ........ bitte das Handy ........!
Du musst Hausaufgaben machen. (weglegen, du)

................ bitte alles auf!
Wir haben viel Geld für das Essen bezahlt. (essen, ihr)

................ schon einmal in den Saal!
Der Film fängt gleich an. (gehen, du)

................ ........ doch mal dieses Buch!
Es ist wirklich interessant. (lesen, Sie)

# In der Freizeit (2/4)



**3. Ordne zu und ergänze den bestimmten Artikel im Akkusativ!**

die Vase

die Melodie

das Buch

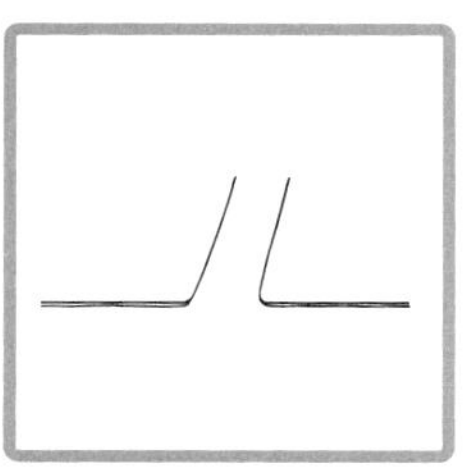
der Gehweg

Ich fotografiere ...den... Esel.

Ich spiele .................. Melodie.

Ich töpfere .................. Vase.

Ich schieße .................. Ball ins Tor.

Ich fege .................. Gehweg.

Ich nehme .................. Buch.

Ich küsse .................. Mann.

Ich sehe .................. Bild an.

der Esel

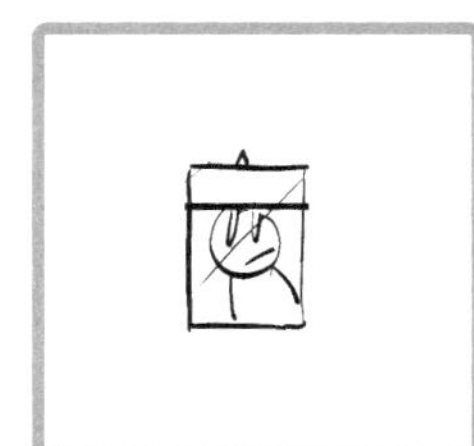
das Bild

der Mann

der Ball

**4. Wohin gehen sie?**
**Suche die Personen und notiere die Namen im Bild!**

Meena geht in den Zoo.

Britta geht in die Galerie.

Zoki geht ins Museum.

Charlotte geht ins Kino.

Arjen geht in den Park.

# In der Freizeit (3/4)



**5. Lies den Text!**

**Im Jugendzentrum**

*Martin:* „Heute ist viel los, findest du nicht auch? „

*Linda:* „Ja, heute sind Finn und Pelle wieder hier. Razvan skatet, Markus und Tina spielen Tischtennis und Jannika klettert an der Kletterwand. Ich habe Lust auf eine Runde Basketball. Du auch?"

*Martin:* „Au ja, lass uns ein paar Körbe werfen! Wo ist denn der Ball?"

*Linda:* „Ich glaube, er ist noch drinnen. Holst du ihn?"

*Martin:* „Ja, klar, das mache ich gerne."

*Martin geht ins Jugendzentrum. Martin kommt wieder.*

*Linda:* „Ah, super, da ist ja der Ball!"

*Martin wirft den Ball zu Linda:* „Hier, fang! Wirf mal ein paar Körbe! Ich sage, du triffst 2-mal von fünf Versuchen."

*Linda wirft den Ball in den Korb:* „Ha! Sieh mal! Einen Treffer habe ich schon! Und jetzt noch einmal."

*Linda wirft, aber sie trifft nicht.*

„Hm. Mist. Probier du mal!"

*Martin:* „Ach schade! Du kannst das besser, das weiß ich. Ich probiere auch einmal."

*Martin wirft und trifft nicht. Aber er trifft die Sitzbank und er trifft …*

*Mariella:* „Hee, Martin! Mein Tablet! Jetzt ist es kaputt!"

*Martin:* „Das tut mir leid, Mariella! Ganz kaputt? Darf ich sehen?"

*Mariella gibt Martin das Tablet. Er testet ein bisschen und geht dann ins Jugendzentrum.*

*Mariella:* „Martin! Komm zurück! Du musst es bezahlen, du hast es kaputt gemacht."

# In der Freizeit (4/4)

*Linda:* „Aber du sitzt hier und siehst doch, dass wir Basketball spielen. Warum gehst du nicht weg?"

*Mariella:* „Ich habe nur hier Internet und ich brauche das Internet. Ich muss mit meinem Bruder telefonieren."

*Martin kommt zurück. Er hat das Tablet in der Hand: Es funktioniert wieder. Es ist nicht kaputt.*

*Mariella:* „Oh, danke, Martin. Ich bin echt erleichtert! Jetzt kann ich mit meinem Bruder weitertelefonieren."

*Martin:* „Mach das! Wir können auch später Basketball spielen. Linda?"

*Linda:* „Ja?"

*Martin:* „Komm, wir skaten ein bisschen mit Razvan!"

**a) Markiere alle Imperative!**

**b) Beantworte die Fragen!**
Was macht Martin am Anfang im Jugendzentrum?

......................................................................................................................

Warum ist Mariella sauer auf Martin?

......................................................................................................................

Was machen Martin und Linda am Ende?

......................................................................................................................

**c) Übt den Dialog ein und präsentiert ihn vor der Klasse!**

**6. Was machst du gerne in deiner Freizeit? Wohin gehst du gerne? Schreibe fünf Sätze in dein Heft!**

*Ich … gerne … .*

# In der Freizeit (1/4)

**1. Was ist der Infinitiv? Ergänze!**

gemacht – *machen*

gespielt – ..........

besucht – ..........

gejätet – ..........

getanzt – ..........

gefegt – ..........

gelesen – ..........

gezockt – ..........

**2. Setze ein!**

getanzt | gefegt | gespielt | gejätet | gemacht

gezockt | besucht | gelesen | ausgeliehen

Ich habe gestern im Jugendzentrum Tischtennis *gespielt*.

Ich habe gestern den Gehweg ..........

Ich habe gestern im Garten Unkraut ..........

Ich habe gestern zu Hause mit Samuel am Computer ..........

Ich habe gestern zu Hause Hausaufgaben ..........

Ich habe gestern in der Bibliothek ein Buch .......... und zu Hause ..........

Ich habe gestern die Giraffen im Zoo ..........

Ich habe gestern im Tanzclub ..........

**3. Was hast du gestern gemacht? Schreibe Sätze ins Heft!**

*Ich habe gestern Deutsch gelernt.*

# In der Freizeit (2/4)

**4. Welche Verben stehen im Perfekt mit <u>sein</u>, welche mit <u>haben</u>? Ordne zu!**

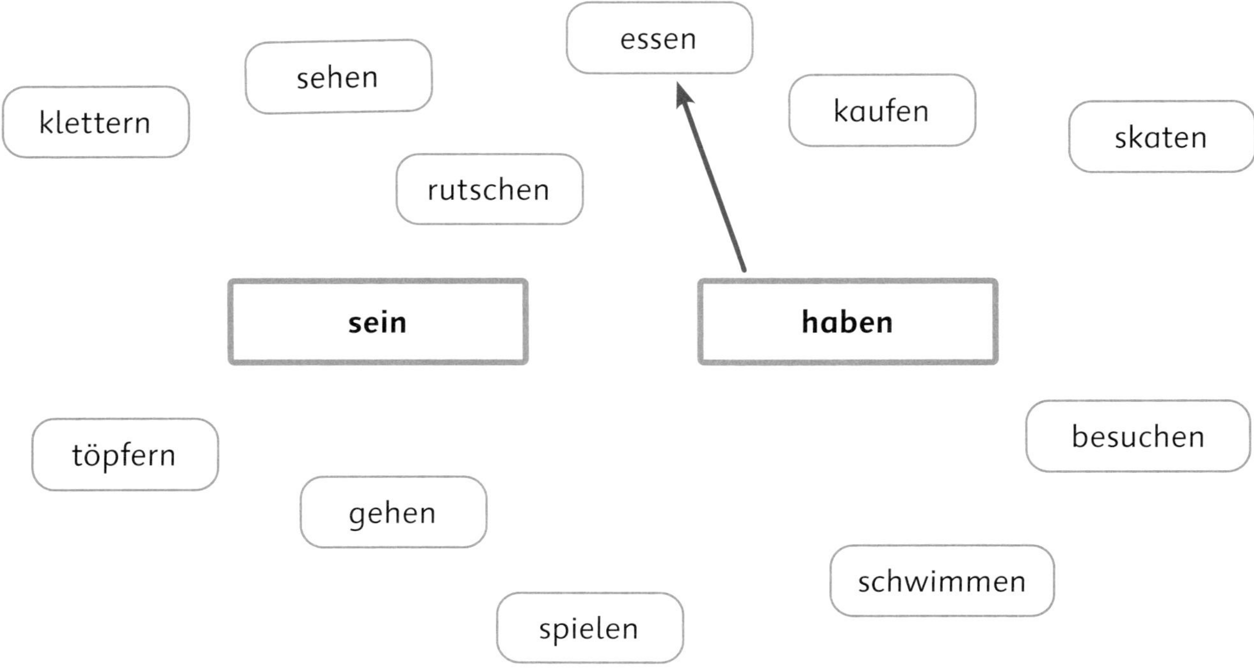


**5. Was hast du gestern gemacht? Perfekt mit <u>sein</u> oder <u>haben</u>? Ergänze!**

Ich ...*bin*... gestern mit dem Hund Gassi gegangen.

Ich .................... gestern geschwommen.

Ich .................... gestern Musik gemacht.

Ich .................... gestern in den Park gegangen.

Ich .................... gestern eine Vase getöpfert.

Ich .................... gestern gerutscht.

Ich .................... gestern eine Hose gekauft.

Ich .................... gestern geskatet.

Ich .................... gestern geklettert.

Ich .................... gestern im Restaurant gegessen.

Ich .................... gestern einen Film gesehen.

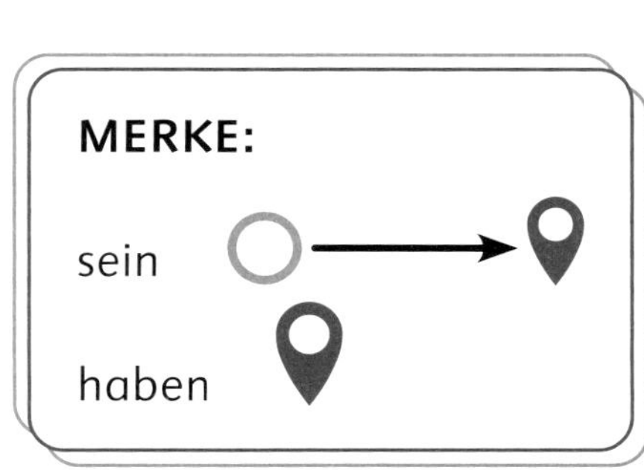

# In der Freizeit (3/4)

**6. Was hat Taio am Wochenende gemacht? Lies den Text!**

*Lehrer:* Wie war dein Wochenende?

*Taio:* Mein Wochenende war super!

*Lehrer:* Was hast du gemacht?

*Taio:* Am Freitagmorgen war ich mit meinem Vater im Museum und habe mir Dinosaurier angesehen. Mein kleiner Bruder war auch dabei. Wir sind danach ins Restaurant gegangen und haben Spaghetti mit Tomatensoße gegessen.
Zum Nachtisch gab es für alle drei ein Eis. Aber wir waren noch nicht fertig! Wir sind nach dem Essen in den Zoo gegangen. Dort haben wir uns echte Tiere angesehen: Giraffen, Esel, Elefanten, Nashörner und wir haben sogar mein Lieblingstier, einen Eisbären, gefunden. Mein kleiner Bruder hat mit dem Tiger um die Wette geschrien.
Ganz schön laut! Und superinteressant! Aber manchmal tun mir die Tiere auch leid, weil sie den Zoo nie verlassen können und so alleine sind. Alle Menschen starren dich an, machen Witze und dann gehen sie wieder.

Wir sind dann auch weggegangen. Mein Bruder hat abends noch in einem Töpferkurs einen Teller getöpfert und im Ofen gebrannt. Man muss diese Töpfersachen immer im Ofen brennen. Ich habe mir in der Bibliothek ein Buch ausgeliehen und den ganzen Abend gelesen. So ein spannendes Buch!
Ich habe drei Stunden im Bett gelegen und mich in dieses Buch vertieft. Als mein kleiner Bruder nach Hause gekommen ist, haben wir das Abendessen vorbereitet.
Mein Bruder hat von seinem neuen Teller gegessen.

Das war nur der Freitag! Am Samstag habe ich Hausaufgaben gemacht und in meinem Buch weitergelesen.
Es war ein sehr ruhiger Samstag.

# In der Freizeit (4/4)

Gestern, also am Sonntag, bin ich zu einem Handballspiel gegangen. Meine große Schwester spielt seit fünf Jahren Handball und ist richtig gut! Sie hat fünf Tore geworfen und die Mannschaft hat wegen ihr gewonnen. Wir haben den ganzen Abend gefeiert, viel gelacht und viel getanzt. Meine Schwester – sie ist 17 – ist mit ihren Freundinnen noch zum Tanzen in den Club gegangen.

Ich bin wieder zu meinem Buch zurückgegangen und habe gelesen.

Beim Abendessen habe ich das Buch mitgenommen – ich konnte nicht aufhören. Als ich den Teller nehmen wollte, ist er mir heruntergefallen. Es war … der neue Teller – frisch getöpfert von meinem Bruder. Oh nein!

**7. Markiere die Perfektformen (Hilfsverb sein/haben + Partizip)!**

**8. Beantworte die Fragen!**

Was haben Taio, Taios Bruder und Taios Vater am Freitagmittag zum Nachtisch gegessen?

..............................................................................................................

..............................................................................................................

Wer war im Zoo so laut wie ein Tiger?

..............................................................................................................

..............................................................................................................

Warum war der Samstag für Taio sehr ruhig?

..............................................................................................................

Was hat Taios Schwester am Sonntagabend gemacht?

..............................................................................................................